铜陵学院金融学省级特色专业建设教材
铜陵学院首批课程思政改革建设试点教材
铜陵学院地方应用型互联网+创新教材

金融学案例与习题集

主　编　芮训媛　张　晖

副主编　张宏妹　陈明军　雷冬嫦

中国财经出版传媒集团

经济科学出版社
Economic Science Press

图书在版编目（CIP）数据

金融学案例与习题集／芮训媛，张晖主编．—北京：
经济科学出版社，2019.1（2020.8 重印）
ISBN 978 - 7 - 5218 - 0018 - 0

Ⅰ.①金⋯ Ⅱ.①芮⋯ ②张⋯ Ⅲ.①金融学 - 高
等学校 - 教学参考资料 Ⅳ.①F830

中国版本图书馆 CIP 数据核字（2018）第 268147 号

责任编辑：白留杰 刘殿和
责任印制：李 鹏 范 艳

金融学案例与习题集

主 编 芮训媛 张 晖
副主编 张宏妹 陈明军 雷冬嫦
经济科学出版社出版、发行 新华书店经销
社址：北京市海淀区阜成路甲 28 号 邮编：100142
总编部电话：010 - 88191217 发行部电话：010 - 88191522
网址：www. esp. com. cn
电子邮件：esp@ esp. com. cn
天猫网店：经济科学出版社旗舰店
网址：http：//jjkxcbs. tmall. com
北京密兴印刷有限公司印装
787×1092 16 开 7.25 印张 170000 字
2019 年 1 月第 1 版 2020 年 8 月第 2 次印刷
ISBN 978 - 7 - 5218 - 0018 - 0 定价：19.00 元
（图书出现印装问题，本社负责调换。电话：010 - 88191510）
（版权所有 侵权必究 打击盗版 举报热线：010 - 88191661
QQ：2242791300 营销中心电话：010 - 88191537
电子邮箱：dbts@ esp. com. cn）

前　言

经济学科来源于生活，脱离生活的教学容易让学生感到枯燥，没有习题的演练，学生的综合能力得不到提升。在长期的教学过程中，我们发现学生容易将理论和实际脱节，因此，编写了这本金融学配套学习资料，内容涵盖案例分析、实训要求、习题集。

案例分析通过从现象看经济学、再从现象回归经济学分析，让学生全面理解经济学和生活的关系，以及如何运用经济学思维来理解和解释生活中的经济学现象；实训要求则是通过布置一些实操性很强的实训任务，鼓励学生积极走入社会发现问题并加以分析解决；习题集则是强化理论功底，系统考评学生的学习效果。三部分之间是层层递进，相互联结的。

本习题集针对不同专业的学生，结合铜陵学院实际教学大纲要求，由授课老师灵活选择部分实训任务进行适当的演练，主要是用于学生自学和老师的适当测评。

最后还附录了模拟试卷，让学生知道学以致用，真正做到知行合一、知成一体。

案例和部分习题来源于网络和其他书籍，对前期的劳动者表示真诚的感谢，使用过程中有任何问题，欢迎随时批评指正。

编写组
2018 年 12 月

目　录

金融原理篇

金融机构篇

金融市场篇

宏观均衡篇

金融发展篇

金融原理篇

第一章　货币与货币制度

一、案例分析

【故事里的金融】

雍正王朝

孙嘉淦磕了个头说："皇上，臣与司官意见不合，又受了他的压制，万不得已，才和他闹翻了的。不过，这件事用不着臣为自己辩解。臣有一事不明想问问皇上：朝廷新铸的雍正制钱不知万岁见到没有？"

"朕已经见到了，铸得很好啊，怎么了？"

"万岁可曾知道，原来的康熙制钱要多少个铜子才能换一两纹银？"

"朕知道，一两纹银能换两千制钱。怎么，它与你说的事有什么相关？"

"万岁爷刚才说的是官价，实际上一两纹银在市面上却只能换得七百五十枚制钱。不知万岁想过这其中的缘故吗？"

"钱贵银贱，自古如此，有什么值得大惊小怪的？"

"不，皇上，你错了！"

孙嘉淦一句"皇上，你错了"出口，在场的人无不变貌变色。一个小小的京官，竟然敢当面指责皇上，他难道是吃了熊心豹子胆了吗？他们战战兢兢地向上面一瞧，果然，雍正皇上的脸已经由红变紫，由紫变白，额头上的汗珠也浸了出来，这是他脾气就要发作的前兆。孙嘉淦自己也觉得是说走了嘴，心中暗叫一声："完了，我命休矣！"

但令人奇怪的是，皇上却没有生气。他沉静地问："哦，你说朕错了吗？那你就说说朕到底错在哪里？"

"皇上，请恕臣适才失言之罪。臣以为，这不是通常的钱贵银贱的小事，而是因为康熙钱的比例不对所致。皇上知道，康熙钱铸造比例是半铜半铅。有些奸民看到这是个有利可图的情，就在民间广收制钱。收上来后，把它熔化了重新炼造制成铜器，再拿到市场上卖。这样，一翻手就是几十倍的赚头。那些贪心的官吏们，也就趁机上下其手，从中牟利。皇上改元登极，志在刷新政治，改革吏治，却为什么要重蹈前朝的覆辙，重铸这样的雍正钱？""不，皇上，你错了！"

孙嘉淦一语道穿了钱政上的弊端，引起了雍正皇上的沉思，也引起了他的共鸣。清理积欠、杜绝贪贿，是雍正的一贯主张，也是他不遗余力地要干好的事情。孙嘉淦的话让他看到了这样一种现实：各级官吏，在收取税金时，要百姓们交纳的都是纹银。可是，老百姓交上来的大多是制钱。官吏们收制钱时，是按官价一对两千折算的。可他们一转手，就按黑市价一两对七百五十卖出。而他们上交国库时，又变成了一两兑换两千。就这么一倒手，就从中赚了几乎三倍！这确实是一大弊政，这个弊政非革掉不行！

——二月河《雍正皇帝》节选（长江文艺出版社 2009 年）

思考：1. 这段文字里面反映了国家货币制度的哪些内容？

　　　　2. 这是劣币驱逐良币吗？如何规避？

二、实训演练

了解我国人民币货币制度

实践任务：了解我国第 1~5 套人民币发行的简史与收藏价值，查询人民币的发行程序，掌握人民币真伪鉴别的方法。

实践目标：掌握人民币的货币制度。

实训方式：1. 学生分组调查搜集整理资料；

　　　　　　2. 座谈、交流、讨论、总结。

三、课后练习

（一）名词解释

货币　信用货币　格雷欣法则　货币制度　货币流通　货币层次

（二）填空题

1. 从货币本质出发，货币是固定充当（　　）的特殊商品；从价值规律的角度看，货币是核算（　　）的工具。

2. 古今中外很多思想家和经济学家都看到了货币的起源与（　　）的联系。

3. 银行券是随着（　　）的发展而出现的一种用纸印制的货币。

4. 铸币的发展有一个从足值到（　　）铸币的过程。

5. 用纸印制的货币产生于货币的（　　）职能。

6. 价格是（　　）的货币表现。

7. 存储于银行电子计算机系统内可利用银行卡随时提取现金或支付的存款货币称为（　　）。

8. 货币在商品交换中起媒介作用时发挥的是（　　）职能。

9. 在金属货币流通条件下货币贮藏具有（　　）的作用。

10. 一国流通中标准的基本通货是（　　）。

11. 没有商品（劳务），在同时、同地与之作相向运动是货币发挥（　　）职能的特征。

12. 迄今为止，历史上最理想的货币制度通常被认为是（　　）。

13. 我国的人民币是从（　　）开始发行的。

14. 人民币采取的是（　　）银行券的形式。

15. 欧元的出现对（　　）提出了挑战。

（三）单项选择题

1. 与货币的出现紧密相连的是（　　）。

A. 金银的稀缺性　　　　　　　　　B. 交换产生与发展

C. 国家的强制力　　　　　　　　　D. 先哲的智慧

2. 商品价值形式最终演变的结果是（　　）。

A. 简单价值形式　　　　　　　　　B. 扩大价值形式

C. 一般价值形式　　　　　　　　　D. 货币价值形式

3. 中国最早的铸币金属是（　　）。

A. 铜　　　　　　B. 银　　　　　　C. 铁　　　　　　D. 贝

4. 在下列货币制度中劣币驱逐良币律出现在（　　）。

A. 金本位制　　　　　　　　　　　B. 银本位制

C. 金银复本位制　　　　　　　　　D. 金汇兑本位制

5. 中华人民共和国货币制度建立于（　　）。

A. 1948 年　　　B. 1949 年　　　C. 1950 年　　　D. 1951 年

6. 欧洲货币同盟开始使用"欧元 EURO"于（　　）。

A. 1998 年　　　B. 1999 年　　　C. 2001 年　　　D. 2002 年

7. 金银复本位制的不稳定性源于（　　）。

A. 金银的稀缺　　　　　　　　　　B. 生产力的迅猛提高

C. 货币发行管理混乱　　　　　　　D. 金银同为本位币

8. 中国目前本位币的最小规格是（　　）。

A. 1 分　　　　　B. 1 角　　　　　C. 1 元　　　　　D. 10 元

9. 金属货币制度下的蓄水池功能源于（　　）。

A. 金属货币的稀缺性　　　　　　　B. 金属货币的价值稳定

C. 金属货币的自由铸造和熔化　　　D. 金属货币的易于保存

10. 单纯地从物价和货币购买力的关系看，物价指数上升25%，则货币购买力（　　）。

A. 上升 20%　　　B. 下降 20%　　　C. 上升 25%　　　D. 下降 25%

11. 在国家财政和银行信用中发挥作用的主要货币职能是（　　）。

A. 价值尺度　　　B. 流通手段　　　C. 支付手段　　　D. 贮藏手段

12. 下列货币制度中最稳定的是（　　）。

A. 银本位制　　　　　　　　　　　B. 金银复本位制

C. 金铸币本位制　　　　　　　　　D. 金汇兑本位制

13. 马克思的货币本质观的建立基础是（　　　）。

A. 劳动价值说 　　　　　　　　　　B. 货币金属说

C. 货币名目说 　　　　　　　　　　D. 创造发明说

14. 对商品价格的理解正确的是（　　　）。

A. 同商品价值成反比 　　　　　　　B. 同货币价值成正比

C. 商品价值的货币表现 　　　　　　D. 商品价值与货币价值的比

15. 货币的本质特征是充当（　　　）。

A. 特殊等价物 　　　　　　　　　　B. 一般等价物

C. 普通商品 　　　　　　　　　　　D. 特殊商品

（四）多项选择题

1. 一般而言，要求作为货币的商品具有（　　　）特征。

A. 价值比较高 　　　　　　　　　　B. 金属的一种

C. 易于分割 　　　　　　　　　　　D. 易于保存

E. 便于携带

2. 中国最古老的铜铸币的三种形制是（　　　）。

A. 五铢 　　　　　B. 布 　　　　　　　C. 刀

D. 元宝 　　　　　E. 铜贝

3. 信用货币包括（　　　）。

A. 银行券 　　　　　　　　　　　　B. 支票

C. 活期存款 　　　　　　　　　　　D. 商业票据

E. 定期存款

4. 货币支付职能发挥作用的场所有（　　　）。

A. 赋税 　　　　　　　　　　　　　B. 各种劳动报酬

C. 国家财政 　　　　　　　　　　　D. 银行信用

E. 地租

5. 对本位币的理解正确的有（　　　）。

A. 本位币是一国的基本通货

B. 本位币具有有限法偿

C. 本位币具有无限法偿

D. 本位币的最小规格是一个货币单位

E. 本位币具有排他性

6. 信用货币制度的特点有（　　　）。

A. 黄金作为货币发行的准备

B. 贵金属非货币化

C. 国家强制力保证货币的流通

D. 金银储备保证货币的可兑换性

E. 货币发行通过信用渠道

7. 货币的两个最基本职能有 (　　　)。

A. 流通手段
B. 支付手段
C. 贮藏手段
D. 世界货币
E. 价值尺度

8. 对货币单位的理解正确的有 (　　　)。

A. 国家法定的货币计量单位
B. 规定了货币单位的名称
C. 规定本位币的币材
D. 确定技术标准
E. 规定货币单位所含的货币金属量

9. 我国货币制度规定人民币具有以下的特点 (　　　)。

A. 人民币是可兑换货币
B. 人民币与黄金没有直接联系
C. 人民币是信用货币
D. 人民币具有无限法偿力
E. 人民币具有有限法偿力

10. 货币制度的基本类型有 (　　　)。

A. 银本位制
B. 金银复本位制
C. 金本位制
D. 信用本位制
E. 银行券本位制

(五) 判断题

1. 最早的货币形式是金属铸币。　　　　　　　　　　　　　　　　(　　)
2. 金铸币本位制在金属货币制度中是最稳定的货币制度。　　　　　(　　)
3. 劣币驱逐良币律产生于信用货币制度的不可兑换性。　　　　　　(　　)
4. 纸币之所以能成为流通手段是因为它本身具有价值。　　　　　　(　　)
5. 信用货币制度下金银储备成为货币发行的准备。　　　　　　　　(　　)
6. 货币的产生源于交换的产生与发展以及商品内部矛盾的演变。　　(　　)
7. 金属货币自由铸造制度的意义在于使铸币价值与金属价值保持一致。(　　)
8. 人民币制度是不兑现的信用货币制度。　　　　　　　　　　　　(　　)
9. 金属货币制发挥蓄水池功能的前提是要有足够大的币材金属贮藏。(　　)
10. 银行券是随着资本主义银行的发展而首先在欧洲出现于流通中的纸制货币。(　　)

(六) 思考题

1. 简述货币的起源。
2. 货币的职能有哪些? 在现代经济社会中货币如何发挥其职能?
3. 货币制度的构成要素有哪些?
4. 货币制度的类型有哪些? 如何理解我国现行的货币制度?
5. 货币层次划分的依据是什么? 为什么说科学地划分货币层次具有非常重要的意义?
6. 阅读《2017 年人民币国际化报告》,了解我国人民币国际化的进展。

第二章　信用与利率

一、案例分析

【新闻热点】

我国利率市场化进程

利率市场化改革的核心是要建立健全与市场相适应的利率形成和调控机制，提高央行调控市场利率的有效性。自 1996 年以来，利率市场化改革已经推行了近 20 年，2015 年被视为利率市场化改革收官之年。

网易财经回顾梳理了这 20 年来中国利率市场化改革的政策进程：

（一）稳步推进阶段

1993 年确立利率市场化改革的基本设想

1993 年，中国共产党的十四大《关于金融体制改革的决定》提出，中国利率改革的长远目标是：建立以市场资金供求为基础，以中央银行基准利率为调控核心，由市场资金供求决定各种利率水平的市场利率体系的市场利率管理体系。

1996 年放开银行间同业拆借利率

1996 年 6 月 1 日，人民银行放开了银行间同业拆借利率，此举被视为利率市场化的突破口。

1997 年银行间债券回购利率放开

1997 年 6 月银行间债券回购利率放开。1998 年 8 月，国家开发银行在银行间债券市场首次进行了市场化发债，1999 年 10 月，国债发行也开始采用市场招标形式，从而实现了银行间市场利率、国债和政策性金融债发行利率的市场化。

1998 年放开贴现与转贴现利率

1998～1999 年人民银行连续三次扩大金融机构贷款利率浮动区间，并要求各金融机构建立贷款内部定价和授权制度。同年，人民银行改革了贴现利率生成机制，贴现利率和转贴现利率在再贴现利率的基础上加点生成，在不超过同期贷款利率（含浮动）的前提下由商业银行自定。

1999 年存款利率改革初步尝试

1999 年 10 月，人民银行批准中资商业银行法人对中资保险公司法人试办由双方协商确定利率的大额定期存款（最低起存金额 3000 万元，期限在 5 年以上，不含 5 年），进行了存款利率改革的初步尝试。2003年11月，商业银行、农村信用社可以开办邮政储蓄协议存款（起存金额3000万元，期限降为3年以上）。

2000年放开外币贷款利率与300万美元以上的大额外币存款利率

2000年9月，放开外币贷款利率和300万美元（含300万）以上的大额外币存款利率，300万美元以下小额外币存款利率仍由人民银行统一管理。2002年3月，人民银行统一了中、外资金融机构外币利率管理政策，实现中外资金融机构在外币利率政策上的公平待遇。2003年7月，放开英镑、瑞士法郎和加拿大元的外币小额存款利率管理，由商业银行自定。2003年11月，对美元、日元、港币、欧元小额存款利率实行上限管理。

2002年统一中、外资金融机构外币利率管理政策

2002年3月，人民银行统一了中、外资金融机构外币利率管理政策，实现中外资金融机构在外币利率政策上的公平待遇。

2003年放开部分外币小额存款利率管理

2003年7月，放开了英镑、瑞士法郎和加拿大元的外币小额存款利率管理，由商业银行自主确定。2003年11月，对美元、日元、港币、欧元小额存款利率实行上限管理，商业银行可根据国际金融市场利率变化，在不超过上限的前提下自主确定。

2004年完全放开金融机构人民币贷款利率上限

2004年1月1日，人民银行在此前已二次扩大金融机构贷款利率浮动区间的基础上，再次扩大贷款利率浮动区间。商业银行、城市信用社贷款利率浮动区间扩大到基准利率的0.9～1.7倍，农村信用社贷款利率浮动区间扩大到基准利率的0.9～2倍，贷款利率浮动区间不再根据企业所有制性质、规模大小分别制定。

2004年10月，贷款上浮取消封顶。下浮的幅度为基准利率的0.9倍，还没有完全放开。与此同时，允许银行的存款利率都可以下浮，下不设底。

2006年扩大商业性个人住房贷款利率浮动范围

2006年8月扩大商业性个人住房贷款的利率浮动范围，浮动范围扩大至基准利率的0.85倍。2008年5月汶川特大地震发生后，为支持灾后重建，人民银行于当年10月进一步提升了金融机构住房抵押贷款的自主定价权，将商业性个人住房贷款利率下限扩大到基准利率的0.7倍。

（二）加速阶段

2012年存款利率浮动区间的上限调整为基准利率的1.1倍

2012年6月，中国人民银行进一步扩大利率浮动区间。存款利率浮动区间的上限调整为基准利率的1.1倍；贷款利率浮动区间的下限调整为基准利率的0.8倍。7月，再次将贷款利率浮动区间的下限调整为基准利率的0.7倍。

2013年取消金融机构贷款利率0.7倍的下限

2013年7月，进一步推进利率市场化改革，自2013年7月20日起全面放开金融机构贷款利率管制。将取消金融机构贷款利率0.7倍的下限，由金融机构根据商业原则自主确定贷款利率水平。并取消票据贴现利率管制，改变贴现利率在再贴现利率基础上加点确定

的方式，由金融机构自主确定。下一步将进一步完善存款利率市场化所需要的各项基础条件，稳妥有序地推进存款利率市场化。

2014 年存款利率浮动区间的上限调整至基准利率的 1.2 倍

2014 年 11 月，结合推进利率市场化改革，存款利率浮动区间的上限调整至基准利率的 1.2 倍，一年期贷款基准利率下调 0.4 个百分点至 5.6%；一年期存款基准利率下调 0.25 个百分点至 2.75%，并对基准利率期限档次作适当简并。

（三）完全市场化阶段

2015 年中国人民银行五次降准降息

2015 年 3 月 1 日起，下调金融机构一年期存贷款基准利率各 0.25 个百分点，同时将存款利率浮动区间上限扩大至 1.3 倍。

5 月 10 日起，下调金融机构一年期存贷款基准利率各 0.25 个百分点，将存款利率浮动区间上限扩大至 1.5 倍。

6 月 28 日起，一年期贷款基准利率下调 0.25 个百分点至 4.85%，一年期存款基准利率下调 0.25 个百分点至 2%。其他各档次贷款及存款基准利率、个人住房公积金存贷款利率相应调整。

8 月 26 日起，金融机构一年期贷款基准利率下调 0.25 个百分点至 4.6%，一年期存款基准利率下调 0.25 个百分点至 1.75%。

10 月 24 日起，金融机构一年期贷款基准利率下调 0.25 个百分点至 4.35%，一年期存款基准利率下调 0.25 个百分点至 1.5%。

针对"三农"和小微企业：

2015 年 2 月 4 日，下调金融机构存款准备金率 0.5 个百分点，对小微企业贷款占比达标银行额外再降 0.5 个百分点，对农发行额外降 4 个百分点。

4 月 20 日起，下调金融机构存款准备金率 1 个百分点，对农信社村镇银行等额外再降 1 个百分点，对农发行额外降低 2 个百分点，对"三农"或小微企业贷款达标国有银行和股份制商业银行可再降 0.5 个百分点。

6 月 28 日起，有针对性地对金融机构实施定向降准，对"三农"贷款占比达到定向降准标准的城市商业银行、非县域农村商业银行降低存款准备金率 0.5 个百分点，对"三农"或小微企业贷款达到定向降准标准的国有大型商业银行、股份制商业银行、外资银行降低存款准备金率 0.5 个百分点，降低财务公司存款准备金率 3 个百分点。

9 月 6 日起，下调金融机构人民币存款准备金率 0.5 个百分点，额外下调金融租赁公司和汽车金融公司准备金率 3 个百分点。

10 月 24 日起，下调金融机构人民币存款准备金率 0.5 个百分点，同时，为加大金融支持"三农"和小微企业的正向激励，对符合标准的金融机构额外降低存款准备金率 0.5 个百分点。同时，对商业银行和农村合作金融机构等不再设置存款利率浮动上限，并抓紧完善利率的市场化形成和调控机制，加强中国人民银行对利率体系的调控和监督指导，提高货币政策传导效率。

回顾中国利率市场化改革的进程，主要分为银行间同业拆借利率和债券利率的市场化、贷款利率和贴现利率的市场化、存款利率的市场化三个阶段。当前利率市场化的推进已经走到了最后阶段，即存款利率市场化的放开。

——摘编自《中国人民银行的历史沿革》，http：//bank.cnfol.com/051109/136,1567,1530592,00.shtml

思考：1. 利率市场化需要的条件是什么？

　　　2. 我国目前利率市场化是否完全？如果不完全还需要怎么做？

二、实训演练

> **银行利率构成**
>
> **实践任务：**去附近的银行了解银行实际利率；对比不同时期的银行利率。
> **实践目标：**了解不同种类的银行利率及其差异；分析不同时期利率变化及原因。
> **实训方式：**1. 学生分组去银行实地调研；
> 　　　　　　　2. 座谈、交流、讨论、总结。

三、课后练习

（一）名词解释

信用　商业信用　银行信用　消费信用　国家信用　国际信用　利率　资本化　利率的期限结构　利率的风险结构　利率市场化

（二）填空题

1. 信用行为的两个基本特征是（　　）和（　　）。

2. 从逻辑上推理，（　　）的出现是信用关系存在的前提条件。

3. 信用有（　　）和货币信用两种基本形式。

4. 货币运动与信用活动不可分解地连接在一起所形成的新范畴是（　　）。

5. 在前资本主义社会的经济生活中，（　　）是占统治地位的信用形式。

6. 高利贷信用最明显的特征是（　　）。

7. 典型的商业信用中包括两个同时发生的经济行为：（　　）和（　　）。

8. 商业票据主要有（　　）和汇票两种。

9. 资金供求者之间直接发生债权债务关系属（　　）信用，银行业务经营属于（　　）信用。

10. 商业票据流通转让时发生的票据行为是（　　）。

11. 银行信用在商业信用的基础上产生并发展，克服了商业信用在（　　）、（　　）和（　　）上的局限性。

12. 在再生产过程中与公司企业的经营活动直接联系的信用形式有（　　　）与（　　　）。

13. 国家信用的主要工具是（　　　）。

14. 商业汇票必须经过债务人（　　　）才有效。

15. 商业汇票是由（　　　）向（　　　）发出的支付命令书，命令他在约定的期限内支付一定的款项给第三人或持票人。

16. 银行信用具备的两个特点是：（　　　）与（　　　）。

17. 消费信用的方式主要有（　　　）与（　　　）。

18. 传统的商业票据有本票和汇票两种，其中由债务人向债权人发出的，承诺在约定期限内支付一定款项给债权人的支付承诺书是（　　　）。

19. 《中华人民共和国票据法》颁布的时间为（　　　）年。

20. 资产阶级反高利贷斗争的焦点是使利息率降低到（　　　）之下。

21. 以利率是否带有优惠性质为标准，可将利率划分为（　　　）和一般利率。

22. 在多种利率并存的条件下起决定作用的利率被称为（　　　）。

23. 实际利率是根据名义利率和（　　　）换算得出的。

24. 物价不变，从而货币购买力不变条件下的利率是（　　　）。

25. 马克思认为利息实质上是利润的一部分，是（　　　）的特殊转化形式。

26. 依据利率是否按市场规律自由变动的标准划分，利率可分为官定利率、（　　　）和市场利率。

27. 假设 r 表示名义利率，i 表示实际利率，p 表示借贷期内的物价变动率，则 r、i、p 三者之间的关系是（　　　）。

28. 基准利率在西方国家通常是（　　　）利率。

29. 在通货膨胀条件下，实行固定利率会给（　　　）人造成经济损失。

30. 根据借贷期内是否调整，利率可分为（　　　）与（　　　）。

31. 借贷期内所形成的利息额与所贷资金额的比率被称为（　　　）。

32. 根据马克思的利率决定理论，利息的最高界限是（　　　）。

33. 自 1949 年中华人民共和国成立以来，我国利率基本上属于（　　　）的类型。

34. 利率对储蓄的作用有正反两方面：储蓄随利率提高而增加的现象称为利率对储蓄的（　　　）；储蓄随利率提高而降低的现象称为利率对储蓄的（　　　）。

35. 任何有收益的事物，都可以通过收益与（　　　）的对比倒算出它相当于多大的资本金额。

36. 有价证券、土地、劳动力等价格的形成是（　　　）发挥作用的表现。

37. 任何一笔货币金额都可以根据利率计算出在未来某一时点上的本利和，通常称其为（　　　）。

38. 由非政府部门的民间金融组织所确定的利率是（　　　）。

39. 凯恩斯认为，（　　　）与（　　　）是决定利率两个基本因素。

40. 实际利率理论认为，投资是利率的（　　　）函数。

（三）单项选择题

1. 商业信用是企业之间由于（　　）而相互提供的信用。

A. 生产联系　　　　　B. 产品调剂　　　　　C. 物质交换　　　　　D. 商品交易

2. 信用的基本特征是（　　）。

A. 无条件的价值单方面让渡　　　　　B. 以偿还为条件的价值单方面转移

C. 无偿的赠与或援助　　　　　D. 平等的价值交换

3. 本票与汇票的区别之一是（　　）。

A. 是否需要承兑　　　　　B. 是否有追索权

C. 是否需要汇兑　　　　　D. 是否有保证

4. 以金融机构为媒介的信用是（　　）。

A. 银行信用　　　　　B. 消费信用　　　　　C. 商业信用　　　　　D. 国家信用

5. 下列经济行为中属于间接融资的是（　　）。

A. 公司之间的货币借贷　　　　　B. 国家发行公债

C. 商品赊销　　　　　D. 银行发放贷款

6. 下列经济行为中属于直接融资的是（　　）。

A. 票据贴现　　　　　B. 开出商业本票

C. 发行金融债券　　　　　D. 银行的存贷款业务

7. 工商企业之间以赊销方式提供的信用是（　　）。

A. 商业信用　　　　　B. 银行信用　　　　　C. 消费信用　　　　　D. 国家信用

8. 货币运动与信用活动相互渗透相互连接所形成的新范畴是（　　）。

A. 信用货币　　　　　B. 证券　　　　　C. 金融　　　　　D. 金融市场

9. 《中华人民共和国票据法》颁布的时间是（　　）。

A. 1995 年 5 月 10 日　　　　　B. 1995 年 10 月 15 日

C. 1996 年 5 月 10 日　　　　　D. 1996 年 10 月 15 日

10. 现代经济中，信用活动与货币运动紧密相连，信用的扩张意味着货币供给的（　　）。

A. 增加　　　　　B. 减少　　　　　C. 不变　　　　　D. 不确定

11. 高利贷信用产生的经济条件是（　　）。

A. 社会化大生产　　　　　B. 商品货币关系的发达

C. 自给自足的自然经济　　　　　D. 扩大再生产

12. 典型的商业信用（　　）。

A. 只是唯一的商品买卖行为

B. 只是唯一的货币借贷行为

C. 是商品买卖行为与商品借贷行为的统一

D. 是商品买卖行为与货币借贷行为的统一

13. 商业票据必须经过（　　）才能转让流通。

A. 承兑　　　　　B. 背书　　　　　C. 提示　　　　　D. 追索

14. 个人获得住房贷款属于（　　）。

　　A. 商业信用　　　　　B. 消费信用　　　　　C. 国家信用　　　　　D. 补偿贸易

15. 国家信用的主要工具是（　　　）。

　　A. 政府债券　　　　　B. 银行贷款　　　　　C. 银行透支　　　　　D. 发行银行券

16. 在多种利率并存的条件下起决定作用的利率是（　　　）。

　　A. 差别利率　　　　　B. 实际利率　　　　　C. 公定利率　　　　　D. 基准利率

17. 认为利息实质上是利润的一部分，是剩余价值特殊转化形式的经济学家是（　　　）。

　　A. 凯恩斯　　　　　　B. 马克思　　　　　　C. 杜尔阁　　　　　　D. 俄林

18. 认为利率纯粹是一种货币现象，利率水平由货币供给与人们对货币需求的均衡点决定的理论是（　　　）。

　　A. 马克思的利率决定理论　　　　　　　　B. 实际利率理论

　　C. 可贷资金论　　　　　　　　　　　　　D. 凯恩斯的利率决定理论

19. 下列利率决定理论中，（　　　）是着重强调储蓄与投资对利率的决定作用的。

　　A. 马克思的利率理论　　　　　　　　　　B. 流动偏好理论

　　C. 可贷资金理论　　　　　　　　　　　　D. 实际利率理论

20. 国家货币管理部门或中央银行所规定的利率是（　　　）。

　　A. 实际利率　　　　　B. 市场利率　　　　　C. 公定利率　　　　　D. 官定利率

21. 利率作为调节经济的杠杆，其杠杆作用发挥的大小主要取决于（　　　）。

　　A. 利率对储蓄的替代效应　　　　　　　　B. 利率对储蓄的收入效应

　　C. 利率弹性　　　　　　　　　　　　　　D. 消费倾向

22. 当银行存款的名义利率和物价变动率一致时，存户到期提取的本利和能够达到（　　　）。

　　A. 升值　　　　　　　　　　　　　　　　B. 贬值

　　C. 保值　　　　　　　　　　　　　　　　D. 升值或贬值的幅度不定

23. 名义利率与物价变动的关系呈（　　　）。

　　A. 正相关关系　　　　　　　　　　　　　B. 负相关关系

　　C. 交叉相关关系　　　　　　　　　　　　D. 无相关关系

24. 当前我国银行同业拆借利率属于（　　　）。

　　A. 官定利率　　　　　B. 市场利率　　　　　C. 公定利率　　　　　D. 基准利率

25. 由非政府部门的民间金融组织确定的利率是（　　　）。

　　A. 市场利率　　　　　B. 优惠利率　　　　　C. 公定利率　　　　　D. 官定利率

26. 西方国家所说的基准利率，一般是指中央银行的（　　　）。

　　A. 贷款利率　　　　　B. 存款利率　　　　　C. 市场利率　　　　　D. 再贴现利率

27. 我国同业拆借利率完全实现市场化的时间是（　　　）。

　　A. 1996 年　　　　　B. 1997 年　　　　　C. 1998 年　　　　　D. 1999 年

28. 我国习惯上将年息、月息、拆息都以"厘"做单位，但实际含义却不同，若年息6 厘、月息 4 厘、拆息 2 厘，则分别是指（　　　）。

　　A. 年利率为 6%，月利率为 0.04%，日利率为 0.2%

B. 年利率为 0.6%，月利率为 0.4%，日利率为 0.02%

C. 年利率为 0.6%，月利率为 0.04%，日利率为 2%

D. 年利率为 6%，月利率为 0.4%，日利率为 0.02%

29. 利率对储蓄的收入效应表示，人们在利率水平提高时，希望（　　　）。

A. 增加储蓄，减少消费　　　　　　　　B. 减少储蓄，增加消费

C. 在不减少消费的情况下增加储蓄　　　D. 在不减少储蓄的情况下增加消费

30. 提出"可贷资金论"的经济学家是（　　　）。

A. 凯恩斯　　　　　B. 马歇尔　　　　　C. 俄林　　　　　D. 杜尔阁

（四）多项选择题

1. 国家信用的主要形式有（　　　）。

A. 发行国家公债　　　　　　　　　　　B. 发行国库券

C. 发行专项债券　　　　　　　　　　　D. 银行透支或借款

E. 发行银行券

2. 现代信用形式中两种最基本的形式有（　　　）。

A. 商业信用　　　　　　　　　　　　　B. 国家信用

C. 消费信用　　　　　　　　　　　　　D. 银行信用

E. 民间信用

3. 下列属于消费信用范畴的有（　　　）。

A. 企业将商品赊卖给个人　　　　　　　B. 个人获得住房贷款

C. 个人持信用卡到指定商店购物　　　　D. 个人借款从事经营活动

E. 企业将商品赊卖给另一家企业

4. 下列属于直接融资的信用工具包括（　　　）。

A. 大额可转让定期存单　　　　　　　　B. 股票

C. 国库券　　　　　　　　　　　　　　D. 商业票据

E. 金融债券

5. 下列属于间接融资的信用工具包括（　　　）。

A. 企业债券　　　　　　　　　　　　　B. 定期存单

C. 国库券　　　　　　　　　　　　　　D. 商业票据

E. 金融债券

6. 与间接融资相比，直接融资的局限性体现为（　　　）。

A. 资金供给者的风险较大

B. 降低了投资者对筹资者的约束与压力

C. 在资金数量、期限等方面受到较多限制

D. 资金供给者获得的收益较低

E. 资金需求者的风险较大

7. 银行信用的特点包括（　　　）。

A. 买卖行为与借贷行为的统一

B. 以金融机构为媒介

C. 借贷的对象是处于货币形态的资金

D. 属于直接信用形式

E. 属于间接信用形式

8. 信用行为的基本特点包括（   ）。

A. 以收回为条件的付出   B. 贷者有权获得利息

C. 无偿的赠与或援助   D. 平等的价值交换

E. 极高的利率水平

9. 金融是由哪两个范畴相互渗透所形成的新范畴（   ）。

A. 货币   B. 利率   C. 证券

D. 信用   E. 商品

10. 资产阶级反对高利贷斗争的途径包括（   ）。

A. 消灭高利贷者   B. 以法律限制利息率

C. 发展资本主义信用关系   D. 保持和发展自然经济

E. 将奴隶、农民变成一无所有的劳动者

11. 马克思认为，在平均利润率与零之间，利息率的高低取决于（   ）。

A. 总利润在贷款人和借款人之间进行分配的比例

B. 资本有机构成的高低   C. 利润率

D. 利润量的大小   E. 资本的供求关系

12. 中国工商银行某储蓄所挂牌的一年期储蓄存款利率属于（   ）。

A. 市场利率   B. 官定利率   C. 名义利率

D. 实际利率   E. 优惠利率

13. 按照利率的决定方式可将利率划分为（   ）。

A. 官定利率   B. 基准利率   C. 公定利率

D. 市场利率   E. 固定利率

14. 可贷资金论认为，利率的决定因素包括（   ）。

A. 利润率水平   B. 储蓄   C. 投资

D. 货币供给   E. 货币需求

15. 影响利率变动的因素有（   ）。

A. 资金的供求状况   B. 国际经济政治关系

C. 利润的平均水平   D. 货币政策与财政政策

E. 物价变动的幅度

16. 关于名义利率和实际利率的说法正确的有（   ）。

A. 名义利率是包含了通货膨胀因素的利率

B. 名义利率扣除通货膨胀率即可视为实际利率

C. 通常在经济管理中能够操作的是实际利率

D. 实际利率调节借贷双方的经济行为

E. 名义利率对经济起实质性影响

17. 收益资本化发挥作用的领域有（　　　）。

A. 土地买卖与长期租用　　　　　　　B. 衡量人力资本的价值

C. 有价证券价格的形成　　　　　　　D. 商品定价

E. 确定汇率水平

18. 考虑到通货膨胀因素的存在，利率可分为（　　　）。

A. 浮动利率　　　　　B. 一般利率　　　　　C. 名义利率

D. 实际利率　　　　　E. 优惠利率

19. 西方传统经济学中的实际利率理论认为，决定利率的实际因素有（　　　）。

A. 生产率　　　　　　B. 可贷资金　　　　　C. 节约

D. 流动性偏好　　　　E. 平均利润率

20. 银行提高贷款利率有利于（　　　）。

A. 抑制企业对信贷资金的需求　　　　B. 刺激物价上涨

C. 刺激经济增长　　　　　　　　　　D. 抑制物价上涨

E. 减少居民个人的消费信贷

（五）判断题

1. 现代社会中，银行信用逐步取代商业信用，并使后者规模日益缩小。　　（　　）

2. 商业票据的背书人对票据不负有连带责任。　　　　　　　　　　　　（　　）

3. 直接融资与间接融资的区别在于债权债务关系的形成方式不同。　　　（　　）

4. 银行信用是当代各国采用的最主要的信用形式。　　　　　　　　　　（　　）

5. 商业信用已成为现代经济中最基本的占主导地位的信用形式。　　　　（　　）

6. 银行信用是银行或其他金融机构以货币形态提供的信用，它属于间接信用。（　　）

7. 在间接融资中，资金供求双方并不形成直接的债权和债务关系，而是分别与金融机构形成债权债务关系。　　　　　　　　　　　　　　　　　　　　　（　　）

8. 信用是在私有制的基础上产生的。　　　　　　　　　　　　　　　　（　　）

9. 一般而言，盈余单位仅仅拥有债权而没有负债。　　　　　　　　　　（　　）

10. 就我国目前现状而言，作为一个整体，居民个人是我国金融市场上货币资金的主要供给者。　　　　　　　　　　　　　　　　　　　　　　　　　　　　（　　）

11. 商品生产与流通的发展是信用存在与发展的基础。　　　　　　　　（　　）

12. 直接融资中的信用风险是由金融机构来承担的。　　　　　　　　　（　　）

13. 凯恩斯认为，利率仅仅决定于两个因素：货币供给与货币需求。　　（　　）

14. 利率变动与货币需求量之间的关系是同方向的。　　　　　　　　　（　　）

15. 实际利率是以实物为标准计算的，即物价不变，货币购买力不变条件下的利率。

（　　）

16. 在通常情况下，如果资本边际效率大于官定利率，可以诱使厂商增加投资；反之，则减少投资。　　　　　　　　　　　　　　　　　　　　　　　　　　（　　）

17. 负利率是指名义利率低于通货膨胀率。　　　　　　　　　　　　　（　　）

18. 一般将储蓄随利率提高而增加的现象称为利率对储蓄的收入效应。（　　）

19. 传统经济学中的利率理论强调借贷资金的供给与需求在利率决定中的作用。（　　）

20. 一笔为期 5 年，年利率为 6% 的 10 万元贷款，用单利计算法计算的到期本利和是 130000 元。（　　）

21. 在通货膨胀条件下，实行固定利率会给债务人造成较大的经济损失。（　　）

22. 在我国，月息 5 厘是指月利率为 5%。（　　）

（六）计算题

1. 银行向企业发放一笔贷款，额度为 2000 万元，期限为 5 年，年利率为 7%，试用单利和复利两种方式计算银行应得的本利和。（保留两位小数）

2. 一块土地共 10 亩，假定每亩的年平均收益为 500 元，在年利率为 10% 的条件下，出售这块土地价格应是多少元？

3. 一个人的年工资为 36000 元，以年平均利率为 3% 计算，请计算其人力资本的价格是多少？

（七）思考题

1. 信用有哪些特征？

2. 信用的一般构成要素有哪些？

3. 商业信用与银行信用的联系和区别是什么？

4. 政府为什么要运用国家信用形式？

5. 利息的本质是什么？

6. 古典利率理论关于利率决定的主要观点是什么？

7. 可贷资金论关于利率决定的核心观点如何？

8. 对于利率决定这一问题，凯恩斯的流动性偏好理论和 IS-LM 模型分别是怎样给出理论解释的？

9. 我国为什么要推进利率市场化改革？我国利率市场化改革的基本思路是什么？

10. 名义利率与实际利率的关系如何？

第三章　外汇与汇率

一、案例分析

【知识拓展】

日元升值的历史经验

人民币汇率问题，以及由此引发的中美贸易争端，相关的报道和争论亦是甚嚣尘上。这不禁让人联想起历史上相似的一幕，这种相似不算惊人，但也可能对我们会有所启发。

在 1969～1978 年，以及 1985～1987 年，日元经历了两轮堪称比翼双飞的大幅升值，升值幅度，均超过了 40%。其中，1985 年"广场协议"以及随后日本经济的重蹈覆辙，至今令人谈虎色变，并引之为升值恐惧论之经典依据。

1985 年 9 月，西方五国达成了联合干预外汇市场的"广场协议"。协议规定：日元与马克应大幅对美元升值。事实上，从 1985 年 9 月至 1989 年 12 月，日元对美元升值了 46%。汇率的大幅升值对于日本来说，远非"出现泡沫"和"泡沫破裂"这么简单。事实上，汇率升值后的几年中，随着贸易条件的改善，日本对外贸易的福利水平有很大提高；并且，在经济结构调整、对外投资等方面，汇率升值也发挥了积极作用。

从贸易条件改善这方面来看，按照日本东京大学吉川洋教授的估计：从 1985 年 9 月到 1987 年 12 月，日元兑换美元汇率从 240∶1 升值到 130∶1，在这两年中，日本共减少了 9 万亿日元出口收入，占同期 GDP 的 1%，这确实导致了国内投资和消费的减少。但从进口方面看，日元升值后，以日元计价的进口价格下降，并由此导致两年共减少 9.3 万亿日元的进口成本，比减少的出口收入还稍多。进口商品价格降低，还给企业带来成本下降、利润上升的有利影响。总体上，日元升值带来的进口收益及其关联效应超出了出口损失，并且促使经济增长从依赖出口转向扩大内需为主，使经济结构也发生了积极改变：一些出口企业受升值影响而倒闭，但更多面向内需的企业获得了发展。同时，由于日元升值降低了对外投资成本，为这一时期日本企业的海外投资创造了更好的条件。

不过，日元的大幅升值，确实对外部需求造成了重大冲击。1986 年，日本的外部需求对经济增长出现了负贡献，GDP 增长率则由 1985 年的 5.08% 降至 2.96%。在此背景下，日本采取了扩大内需的政策，以期减少对外部需求的依赖，使内需发挥主导作用，从而维持经济增长。为此，日本政府采取了积极的财政政策和扩张性货币政策的双松政策组合。在当时日本扩大内需的过程中，形成了以政府为主导的格局，具体包括增加政府公共投资

（财政政策）、扩大企业投资（货币政策），以及转变居民消费结构等措施。

但是，决策者严重高估了日元升值对经济的冲击，因此双松政策力度过大。这就导致了两方面的不良后果，为今后"失去的十年"埋下了伏笔。其一，过于宽松的宏观政策，尤其是货币金融政策，导致国内资产价格泡沫膨胀，大量资金涌向了股票市场、房地产市场；同时，也加剧了境外热钱的流入，进一步推高了资产价格。后来泡沫破裂产生的落差之大，原因在此。其二，过度宽松的财政货币政策，减少了日后经济刺激的政策空间。日元升值后，经过几年的双松政策组合，日本中央政府债务占 GDP 比重在 1990 年就已超过了 50%，而德国的这一数据直到 2001 年也未超过 40%；货币政策方面，日本在 1989 年的存款利率不到 2%，而德国这一数据高达 5.5%。可见，相对而言，带着这样的财政，货币政策条件进入 20 世纪 90 年代，日本经济刺激的政策空间已经捉襟见肘。而当经济真正面临困境的时候，政府刺激经济的能力已经大受约束。

经历了大幅升值，在 90 年代初，日本经济经历了泡沫破灭，并开始了"失去的十年"。

——摘自《商场现代化》2005 年第 29 期（裴子英）

二、实训演练

外汇与汇率综合实训

实践任务：汇率看盘；汇率计算；汇率决定及其变动；汇率变动及其影响。

实践目标：了解外汇与汇率的基本内容，理解现行人民币汇率制度制定的背景及人民币汇率制度的主要内容；熟练掌握汇率的标价方法和买卖价格的运用；分析现行人民币汇率变动对我国经济发展的影响。

实训方式：1. 查询国家外汇管理局汇率实时报价；

2. 学生分组，座谈、交流、讨论、总结。

三、课后练习

（一）名词解释

外汇　汇率　直接标价法　间接标价法　买入汇率　卖出汇率　中间汇率　现钞汇率
基本汇率　套算汇率　即期汇率　远期汇率　名义汇率　实际汇率　电汇汇率
信汇汇率　票汇汇率　购买力平价　利率平价　国际收支说　资产市场说　货币分析法
资产组合分析法　汇率制度　固定汇率制度　浮动汇率制度　钉住汇率制度

（二）填空题

1. 1994 年发生的（　　）危机和 1997 年爆发的东南亚金融危机表明世界经济和金融领域的相互依存和影响空前加强。

2. 第二次世界大战以后，国与国之间的商品、技术交流急剧增长，世界（　　）增长远远超过世界生产的增长率，世界市场迅速扩大。

3. 在国际交往中，货币所起的作用就是在国际范围内行使（　　）、支付手段和储存价值的职能。

4. 外汇一般具有以下特征：它是一种以外币表示的金融资产，同时可以用作国际支付，并能兑换成其他形式的外币资产和（　　）。

5. 不经有关国家的管理当局的批准不能自由兑换成其他货币，也不能向第三者进行支付的外汇称为（　　）。

6. 在外汇市场上进行互换交易的目的在于规避（　　）造成的风险。

7. 外汇兑换券是 1980 年开始发行流通，（　　）年停止发行的。

8. 以一定数量的本国货币单位为基准，用折成多少外国货币单位来表示的汇率标价法称为（　　）。

9. 将本国货币与本国主要贸易伙伴国的货币确定一个固定比价，随着一种或几种货币进行浮动的汇率制度称为（　　）。

10. 一国货币的价值可以用汇率来表示，习惯上将其称为货币的（　　）价值。

11. 两种货币能够兑换是因为有共同的价值基础，因此两种货币的（　　）值是形成汇率的基本依据。

12. 汇率是一项重要的经济杠杆，其变动能反作用于经济，对进出口、物价资本流动和（　　）都有一定的影响。

13. 汇率变动对长期资本流动影响较小，因为长期资本流动主要以利润和（　　）为转移。

14. 1994 年人民币汇率形成机制初步纳入了"以市场供求为基础的、单一的、（　　）的浮动汇率"的规范轨道。

15. 1994 年 4 月 1 日在（　　）成立了全国统一的银行间外汇市场。

（三）单项选择题

1. 我国是在（　　）年接受《国际货币基金组织协定》第八条款要求，实现人民币在经常项目下可兑换的。
A. 1994 年 7 月　　　　B. 1996 年 12 月　　　　C. 1999 年 10 月　　　　D. 2000 年 1 月

2. SWIFT 汇兑形式属于（　　）国际结算方式。
A. 信汇　　　　　　　B. 票汇　　　　　　　C. 电汇　　　　　　　D. 托收

3. 进出口贸易中使用最广泛的是（　　）结算工具。
A. 托收　　　　　　　B. 信用卡　　　　　　C. 电汇　　　　　　　D. 信用证

4. 汇率决定理论之一的"购买力平价说"是（　　）提出的。
A. 英国的 G. L. Goschen　　　　　　　B. 瑞典的 G. Gassel
C. 法国的 Alfred Aftalion　　　　　　D. 英国的 J. M. Keynes

5. 本币汇率下跌会引起（　　）现象。
A. 出口减少、进口增加，贸易逆差　　　　B. 出口增加、进口减少，贸易平衡

C. 进出口不发生变化　　　　　　　　　　D. 进出口同时增加

6. （　　）属于政府承担的外汇风险。

A. 进出口贸易风险　　　　　　　　　　　B. 外汇储备风险

C. 外债风险　　　　　　　　　　　　　　D. 资本流动风险

7. 1973 年西欧"共同市场"有（　　）加入货币汇率联合浮动体系。

A. 6 国　　　　　　B. 9 国　　　　　　C. 12 国　　　　　　D. 15 国

8. 我国是从（　　）开始允许居民个人在银行开办外汇存款业务的。

A. 1984 年　　　　B. 1985 年　　　　C. 1993 年　　　　D. 1994 年

9. 主权货币成为国际货币的关键是要具备（　　）特性。

A. 可兑换性　　　　　　　　　　　　　　B. 可偿付性

C. 普遍接受性　　　　　　　　　　　　　D. 国际性

10. 在国际债务清偿中使用的货币发挥的是货币的（　　）职能。

A. 价值尺度　　　　　　　　　　　　　　B. 购买手段

C. 支付手段　　　　　　　　　　　　　　D. 价值储存手段

11. （　　）属于非单一主权国家货币。

A. 美元　　　　　　B. 日元　　　　　　C. 英镑　　　　　　D. 欧元

12. 银行在国际业务中的通汇网点除了联行形式外，还有另外一种形式称为（　　）。

A. 代表处　　　　　B. 办事处　　　　　C. 分理处　　　　　D. 代理行

13. 我国是从（　　）对外商投资企业实行银行结售汇制的。

A. 1994 年 4 月　　B. 1996 年 7 月　　C. 1998 年 12 月　　D. 1999 年 7 月

14. 1979 年为调动企业出口创汇的积极性，增加企业的活力，国务院决定推行（　　）制度。

A. 外汇留成制　　　　　　　　　　　　　B. 银行结售汇制

C. 外汇调剂制　　　　　　　　　　　　　D. 意愿结售汇制

15. 目前人民币的可兑换性达到（　　）程度。

A. 不可兑换　　　　　　　　　　　　　　B. 经常项目可兑换

C. 资本项目可兑换　　　　　　　　　　　D. 完全可兑换

（四）多项选择题

1. 按照《中华人民共和国外汇管理条例》规定的标准，（　　）外币资产属于广义外汇。

A. 100 美元现钞　　　　　　　　　　　　B. 1000 股 H 股

C. 10000 朝鲜元支票　　　　　　　　　　D. 100 万美元国债

E. 1 亿 SDR$_s$

2. 某外汇交易商在买进 100 美元现汇的同时又卖出 100 美元 3 个月远期合约，这种交易属于（　　）交易方式。

A. 现汇交易　　　　B. 期汇交易　　　　C. 互换交易　　　　D. 套汇交易

3. 1994 年中国外汇管理体制改革的主要内容有（　　）。

A. 汇率并轨，实行管理浮动

B. 取消外汇留成，实行银行结售汇

C. 建立银行间外汇市场，停止发行外汇券

D. 取消外汇收支的指令性计划

E. 关闭了外汇调剂中心

4. 汇率变化与资本流动的关系有（　　）。

A. 汇率变动对长期资本的影响较小

B. 本币汇率大幅度贬值会引起资本外逃

C. 汇率升值会引起短期资本流入

D. 汇率升值会引起短期资本流出

5. 本币汇率下跌会引起（　　）商品价格上涨。

A. 出口供给弹性小的商品　　　　　　B. 出口供给弹性大的商品

C. 进口需求弹性大的商品　　　　　　D. 进口需求弹性小的商品

6. 下列关于中国外汇市场的描述（　　）是正确的。

A. 银行间外汇市场是 1994 年 4 月 1 日正式成立并投入运营的

B. 银行间外汇市场的中心设在上海，称为中国外汇交易中心

C. 中国人民银行在上海中国外汇交易中心设有公开市场操作室，根据宏观政策目标调节汇率

D. 以市场为基础的管理浮动机制是人民币汇率唯一的形成机制

7. 第二次世界大战后到 1973 年资本主义国家实行的汇率制度有（　　）特点。

A. 美元与黄金挂钩，1 盎司黄金 = 35 美元

B. 其他货币与美元挂钩，平价为货币法定含金量的比

C. 规定了汇率波动的上下限

D. 各国货币当局有义务干预市场，维持汇率稳定

8. 当今世界主要的汇率制度有（　　）。

A. 自由浮动制　　　B. 管理浮动制　　　C. 联合浮动制　　　D. 钉住浮动制

9. 在国际结算中使用的本币资产也可以称为外汇，但这种外汇必须具备（　　）性质。

A. 必须经过中央银行和政府，或具有官方职能的机构、企业所签订的协议而形成

B. 它主要是用于偿付双方国际收支逆差的

C. 它具有自由兑换性质

D. 它未经协议方同意可以转换为第三国货币

10. 1968 年我国对外贸易结算中出现的"外汇人民币"属于（　　）。

A. 自由外汇　　　B. 记账外汇　　　C. 本币外汇　　　D. 广义外汇

（五）判断题

1. 我国人民币汇率标价采取的是直接标价法。　　　　　　　　　　（　　）

2. 外汇兑换券是一种具有外汇价值的有价证券，它以美元为票面额与人民币等值。

（　　）

3. 银行的外汇牌价中，现钞买入价一般低于现汇买入价，而现钞与现汇的卖出价相同。（　　）

4. 1994 年初汇率并轨后人民币与美元之间的比价由 5.70 元/美元调整为 8.70 元/美元，表明人民币对外价值提高。（　　）

5. 当前，国际经济贸易中使用的最主要的三种货币是美元、欧元和日元。（　　）

6. 特别提款权可以用于国际企业之间的债权债务清偿支付。（　　）

7. 人民币特种股票 B 股属于广义外汇。（　　）

8. 记账外汇不能直接向第三国支付。（　　）

9. 2000 年我国成为《国际货币基金组织》第八条款国。（　　）

10. 外币可以在中国大陆境内计价、结算和流通。（　　）

（六）思考题

1. 外汇的作用主要体现在哪些方面？

2. 简述直接标价法与间接标价法。

3. 影响汇率的经济因素有哪些？

4. 汇率波动对企业出口的影响表现在哪些方面？

5. 比较不同汇率制度的优劣。

6. 根据人民币汇率的影响因素和其变动带来的经济效应，并结合"广场协议"之后日本和德国在经济发展上表现的差异情况，请对我国提出相关的政策建议。

7. 根据汇率决定和变动的基本原理，结合当前实际，试分析近几年内人民币汇率变动走势。

金融机构篇

第四章　金融机构体系

一、案例分析

【财经观察】

加入亚投行为肯尼亚发展融资带来新机遇

亚洲基础设施投资银行日前宣布其理事会已批准2个意向成员加入，包括域内成员巴布亚新几内亚和域外成员肯尼亚。分析人士认为，肯尼亚加入亚投行不仅将巩固中肯两国关系发展的良好势头，也将为正在寻求更广泛融资渠道的肯尼亚带来新的发展机遇。

肯雅塔大学经济学讲师肯·奥根博在接受记者采访时说，肯尼亚选择加入亚投行是其国家战略计划的一部分，这将使肯尼亚与持"发展中国家思维方式"的金融机构相连接，也将为肯尼亚发展提供更多的可能性。自2002年基础设施升级计划启动以来，肯尼亚一直在寻求更具竞争力的发展融资模式。奥根博表示："多年来，肯尼亚基础设施发展滞后……因此选择加入更具包容性的国际金融组织。我们或许会看到更多非洲国家加入亚投行，它为南南合作所面临的挑战提供了解决方案。"

肯尼亚《商业日报》2018年5月4日报道说，肯尼亚目前在基础设施发展领域正面临严重的资金短缺，需要寻找成本较低的融资渠道，以减轻国库的负担。肯尼亚公共政策研究与分析研究院学者大卫·穆图阿认为，在基础设施融资方面，中国一直是肯尼亚真诚的合作伙伴。肯尼亚应抓住机会，实现国家进一步对外开放。

中国驻肯使馆提供的数据显示，建交55年来，中国与肯尼亚合作共同建设了蒙内铁路、莫伊国际体育中心等百余个重大项目，中国已成为肯最大贸易伙伴、投资来源国和工程承包方。双边贸易额2016年达到57亿美元，中国在肯的投资还在持续增长。

分析人士认为，加入亚投行表明肯尼亚看好中肯关系发展，为双边合作投下"信任票"。非洲治理研究所肯尼亚负责人威尔逊·卡马乌说，肯尼亚正在向中国传递建立长久关系的信号。由于中国的帮助，肯尼亚的基础设施已取得巨大进步。未来肯尼亚对基础设施的融资需求只会进一步扩大。

近年来，中肯两国在经贸等各领域关系稳步发展。市场调查机构益普索发布的一份最新调查报告显示，中国已成为肯民众最认可的发展合作伙伴。该机构分析认为，这主要得益于中国对肯经济建设和社会发展的巨大贡献，特别是中国在基础设施．对非援助等领域的成就。

　　——摘编自《加入亚投行为肯尼亚发展融资带来新机遇》，http：//k. sina. com. cn/article_2810373291_a782e4ab02000htnd. html

　　思考：亚投行的成立的背景是什么？有何意义？

二、实训演练

我国金融体系的演变

　　实践任务：了解中国金融机构的发展历程和机构变化，探讨中国金融体系发展趋势。

　　实践目标：掌握金融机构的特点和功能，理解金融机构发展的影响因素。

　　实训方式：1. 学生分组搜集资料，调研；

　　　　　　　　2. 座谈、交流、讨论、总结。

三、课后练习

（一）名词解释

金融机构　中央银行 商业银行　开发银行　投资银行　进出口银行　储蓄银行
非银行金融机构　保险公司　投资基金　中国人民银行　中国银保监督管理委员会
中国证券监督管理委员会　政策性银行　国家开发银行　国际货币基金组织
世界银行　国际开发协会　国际清算银行　亚洲开发银行　亚洲基础设施投资银行

（二）填空题

1. 凡专门从事各种金融活动的组织，均称（　　　）。

2. （　　　）是由政府投资设立的、根据政府的决策和意向专门从事政策性金融业务的银行。

3. 我国四家国有独资商业银行是（　　　）、（　　　）、（　　　）、（　　　）。

4. 我国第一家民营性质的商业银行是（　　　）。

5. 一国金融机构体系的中心环节是（　　　）。

6. 专业银行的存在是（　　　）在金融领域中的表现。

7. （　　　）是西方各国金融机构体系中的骨干力量。

8. （　　　）是专门对工商企业办理投资和长期信贷业务的银行。

9. 不动产抵押银行的资金主要是靠发行（　　　）来筹集的。

10. （　　　）是通过金融渠道支持本国对外贸易的专业银行。

11. 1988 年以前，我国的保险业由（　　　）独家经营。

12. 中华人民共和国金融体系诞生以（　　　）的建立为标志。

13. 20 世纪 70 年代末以前，我国金融领域的"大一统"格局取决于高度集中的（　　　）体制。

14. 截至 1996 年底，我国经过重新登记的金融租赁公司有（　　　）家。

15. 我国规模最大的商业银行是（　　　）。

（三）单项选择题

1. （　　　）不属于中国人民银行具体职责。

A. 发行人民币　　　　　　　　　　　B. 给企业发放贷款

C. 经理国库　　　　　　　　　　　　D. 审批金融机构

2. 中国建设银行的经营战略是（　　　）

A. 以效益为中心，集约化经营　　　　B. 不放弃农村，但不局限于农村

C. 为大行业、大企业服务　　　　　　D. 发展国际金融业务

3. 1997 年底，我国经重新登记的信托投资公司为（　　　）家。

A. 244　　　　　　B. 72　　　　　　C. 90　　　　　　D. 3500

4. 我国的财务公司是由（　　　）集资组建的。

A. 商业银行　　　　　　　　　　　　B. 政府

C. 投资银行　　　　　　　　　　　　D. 企业集团内部

5. 改革开放以来，我国保险业迅速发展，基本形成了以（　　　）为主体的保险业体系。

A. 中国人民保险公司　　　　　　　　B. 中国太平洋保险公司

C. 中国平安保险公司　　　　　　　　D. 天安保险股份有限公司

6. 我国第一家股票上市的商业银行是（　　　）。

A. 上海浦东发展银行　　　　　　　　B. 招商银行

C. 深圳发展银行　　　　　　　　　　D. 福建兴业银行

7. 投资银行是专门对（　　　）办理投资和长期信贷业务的银行。

A. 政府部门　　　　　　　　　　　　B. 工商企业

C. 证券公司　　　　　　　　　　　　D. 信托租赁公司

8. 第一家城市信用社是在（　　　）成立的。

A. 驻马店　　　　　　B. 北京　　　　　　C. 平顶山　　　　　　D. 西安

9. 中国人民银行专门行使中央银行职能是在（　　　）。

A. 1983 年　　　　　　B. 1984 年　　　　　　C. 1985 年　　　　　　D. 1986 年

10. 我国城市信用社改组之初，采用了（　　　）的过渡名称。

A. 城市商业银行　　　　　　　　　　B. 城市发展银行

C. 城市投资银行　　　　　　　　　　D. 城市合作银行

11. 下列不属于我国商业银行业务范围的是（　　　）。

A. 发行金融债券　　　　　　　　　　B. 监管其他金融机构

C. 买卖政府债券 　　　　　　　　　　　 D. 买卖外汇

12. 我国财务公司在行政上隶属于（　　　）。

A. 政府部门 　　　　　　　　　　　　　 B. 中国人民银行

C. 各企业集团 　　　　　　　　　　　　 D. 商业银行

13. 我国的金融租赁业起始于（　　　）。

A. 20 世纪 80 年代初期 　　　　　　　　 B. 20 世纪 80 年代中期

C. 20 世纪 80 年代末期 　　　　　　　　 D. 20 世纪 90 年代初期

14. 1986 年 2 月，我国开办了（　　　）业务。

A. 邮政储蓄 　　　　 B. 信托投资 　　　 C. 金融租赁 　　　 D. 证券投资

15. 我国在（　　　）建立了第一家政策性银行。

A. 1992 年 　　　　　 B. 1993 年 　　　　 C. 1994 年 　　　　 D. 1995 年

（四）多项选择题

1. 下列属于我国金融机构体系格局构成的有（　　　）。

A. 财政部 　　　　　　　　　　　　　　 B. 货币当局

C. 商业银行 　　　　　　　　　　　　　 D. 在华外资金融机构

2. 下列是政策性银行的有（　　　）。

A. 国家开发银行 　　　　　　　　　　　 B. 中国进出口银行

C. 中国农业发展银行 　　　　　　　　　 D. 城市商业银行

3. 我国政策性银行开展业务的基本原则有（　　　）。

A. 不与商业性金融机构竞争 　　　　　　 B. 自主经营

C. 分业管理 　　　　　　　　　　　　　 D. 保本微利

4. 下列属于我国非银行金融机构的有（　　　）。

A. 信托投资公司 　　　　　　　　　　　 B. 证券公司

C. 财务公司 　　　　　　　　　　　　　 D. 邮政储蓄机构

5. 当前我国调整金融机构体系建设的根本原则有（　　　）。

A. 混业经营 　　　　 B. 分业经营 　　　 C. 分业管理 　　　 D. 混业管理

6. 投资基金的优势有（　　　）。

A. 投资组合 　　　　 B. 分散风险 　　　 C. 专家理财 　　　 D. 规模经济

7. 下列属于财产保险业务的有（　　　）。

A. 责任保险 　　　　　　　　　　　　　 B. 财产损失保险

C. 信用保险 　　　　　　　　　　　　　 D. 意外伤害保险

8. 专业银行的主要种类包括（　　　）。

A. 开发银行 　　　　 B. 储蓄银行 　　　 C. 外汇银行 　　　 D. 进出口银行

9. 下列属于信托投资公司的主要业务的有（　　　）。

A. 代理业务 　　　　 B. 委托业务 　　　 C. 咨询业务 　　　 D. 兼营业务

10. 20 世纪 90 年代以来，国际银行业出现了（　　　）趋势。

A. 重组 　　　　　　 B. 兼并 　　　　　 C. 分业 　　　　　 D. 收购

（五）判断题

1. 政策性银行也称政策性专业银行，他们不以盈利为目标。　　　　　（　　）
2. 我国的国有独资商业银行不能从事代理发行政府债券业务。　　　　（　　）
3. 我国《保险法》规定，同一保险人不得同时兼营财产保险和人身保险业务。（　　）
4. 1998 年，从上海开始陆续出现了以城市命名的商业银行。　　　　（　　）
5. 我国的财务公司行政上隶属于中国人民银行。　　　　　　　　　　（　　）
6. 外资金融机构在华代表处不得从事任何直接盈利的业务活动。　　　（　　）
7. 农业银行的资金来源完全由政府拨款。　　　　　　　　　　　　　（　　）
8. 投资银行可以执行本国政府对外援助。　　　　　　　　　　　　　（　　）
9. 保险业的大量保费收入用于实业投资。　　　　　　　　　　　　　（　　）
10. 在华外资金融机构将逐步建立以中外合资银行为主的结构体系。　（　　）

（六）思考题

1. 金融机构的功能是什么？
2. 金融机构的类型有哪些？
3. 西方金融机构体系有何特点？
4. 我国金融机构体系的建立和发展经历了哪几个阶段？
5. 如何进一步完善我国现行的金融机构体系？
6. 西方国家专业银行的特点是什么？
7. 什么是投资基金？其组织形式如何？
8. 中国的金融机构与西方国家的金融机构相比较有什么异同？
9. 试述现阶段中国金融机构体系的构成。
10. 试述国际货币基金组织、世界银行、国际金融公司、国际开发协会各自贷款的特点。
11. 国际清算银行的主要职能是什么？
12. 亚洲开发银行的主要宗旨是什么？
13. 什么是亚投行？其与"一带一路"有什么关系？

第五章　商业银行

一、案例分析

【知识拓展】

揭秘中国古代"银行"的发展

银行卡与大家的生活息息相关，每人手里都有至少一张。在移动互联网时代，银行的业务飞速发展，更加高效地服务着人们的生活。中国古代的"银行"发展至今经历了哪些形态呢？在古装剧里，我们经常看到某某钱庄，作用类似于银票，金银的集散地。它在古代到底是个怎样的存在？

"钱庄"又称银号，是中国封建社会时期的一种信用机构，出现于明代中后期，兴盛于清朝。在中国古代，南方擅长经商，经济较为富饶，最早的"钱庄"便起源于江南一带，主要分布在长江一带，包括上海、南京、杭州、宁波、福州等地，经过发展，扩展到北方和其他地区。

上海曾经出现过"钱庄界九大家族"，其中比较出名的有镇海李家、镇海叶家、湖州许家、慈溪董家等，各家族都经营着数家钱庄。古代钱庄多为私人创办，以民营企业的形态发展，比较著名的钱庄有日升昌、蔚泰厚、天成亨、宝丰隆、三晋源等。

"红顶商人"胡雪岩创办的京师"阜康钱庄"名噪一时，在全国设立分号十家有余。后因屯丝生意的资金链出现问题，挪用钱庄的钱周转，又受到李鸿章的挤兑，各地分号纷纷倒闭，胡雪岩以破产收场。"金融大鳄"王晏卿创办的同和裕银号也是非常成功的。他经营有方，重视人才，分号开得风生水起，建立了覆盖全国的金融网，经济实力首屈一指。就连当时的官僚资本也难与之抗衡，双方水火不容，最终在"银行团"的联合排挤下走投无路。

钱庄最初只用于银钱兑换，后来逐渐发展为办理存放款项和汇兑的机构。钱庄吸收存款后也开始经营放款业务，不过直至钱庄消失，它的放款对象也只局限于商户。由于跟现代意义的"银行"功能性差异较大，一般人们不把它作为现代银行的雏形。

除了钱庄，票号也是古人常用的"存钱点"。"票号"又称票庄或汇兑庄，是一种专门经营汇兑业务的金融机构，同样兴盛于清朝。最早的票号创办于山西，这与山西商帮的经营活动相关。他们多从事长途贩运，商品流转和资本周转慢，在资本不足的情况下就需要向社会借款。票号在此种情况下应运而生，主要经营存放款业务。

与钱庄只能本地存取的限制不同，票号能够实现异地存取款的功能，这就极大地方便了当时在外的商人，免除了押银的风险。它的功能更接近现代意义的银行，因而被视为"银行"的鼻祖。在鼎盛时期，全国的票号曾达到了575个，著名的51家大票号中，山西占据了44席。当时最著名的十大掌柜，全是山西人，个个都是理财顶尖高手。

清代山西票号的分号遍布全国各大城市，甚至在日本、俄罗斯、新加坡等地也设立了分号，它有22家分号设在平遥，平遥堪称当时全国的"金融中心"。清末前，随着一批"官商合办"的商业银行出现，票号不再符合时代的发展，受到了排挤打压，并走向了消亡。

——编者根据相关资料整理

思考：商业银行产生的历史背景是什么？

【拓展阅读】

美国存款保险制度

目前美国的存款保险由美国存款保险公司统一运作和管理，1950年《银行法》赋予其相对独立法律地位，直接对国会负责。美国实行强制与自愿结合的存款保险制度，用以降低银行的逆向选择对存款保险制度的不利影响。由于参保银行相比未参保银行有更好的竞争优势，目前大部分存款机构，包括国民银行、州注册银行、住房储蓄银行、储蓄协会、外国银行在美分支机构都加入了存款保险。存款保险涵盖了大部分的存款品种，但对于股权、债券、互助基金、生命保险、年金、市政债券、保管箱、国债以及国库券等不予保障，对本国银行的国外分支也不予保障。联邦存款保险公司（FDIC）按账户确定保险限额，每个存款人在同一家投保机构按同一类型账户合并计算的存款保险限额为25万美元，并可随着经济形势及通货膨胀进行调整。

存款保险制度不断完善适应银行业发展。自1934年建立FDIC后，1980年之前是存款保险制度平稳发展的时期。1981年后，随着美国金融改革的深入与银行业发展，存款保险制度进行了多次改革。这些改革包括不断提高存款保险限额以应对经济发展与通货膨胀，采用风险差异费率以减少道德风险的产生，确立存款保险基金储备比例的浮动区间以缓解周期性危机压力，扩大存款保险限额，返还保费减少银行负担以及进一步扩大FDIC监管与处理银行的权力。美国联邦存款保险公司74年来的运作实践证明这一模式基本上实现了维护金融系统稳定和保持公众信心的目标，成为其他国家设计存款保险制度的样本。

FDIC具有明显的监督管理职能。美国存款保险最大特点在于FDIC具有强大的监管职能，FDIC目前是州非联储成员银行的主监管者，同时是所有参加存款保险的银行与储贷机构的辅助性监管者。FDIC的工作主要包括以下三点。

一是对投保银行的检查监督。这是FDIC最重要的日常工作和事前监管手段，这种事前检查管理的目的是确保银行经营的安全与稳定，避免银行倒闭事件，增强公众对金融体系信心，体现了美国存款保险制度的"风险最小化原则"。FIDC具有：第一，审批职能。参加存款保险须由FDIC审定，符合条件才能参保，银行增设与合并也必须经FDIC同意。第二，检查监督职能。FDIC除了定期与不定期对投保机构进行检查外，还要对美联储和货币监理局的检查报告作选择性复查。第三，处罚职能。对检查中或其他渠道发现的问题，FDIC 可以采取从规劝到责令停业的处罚方式。

二是对问题银行的处理。FDIC 采取统一的评级方法，对投保机构的 CAMEL 五大指标进行考核，根据相应的具体分支评定投保机构的综合等级，分为综合一级至综合五级，其中综合三级至五级为问题银行。由 FDIC 对问题银行进行重点监控，包含对此类银行改进管理的具体要求。

三是对破产银行的处理。FDIC 是唯一有权处理银行破产事件的联邦机构，作为破产银行的接收者，FDIC 根据成本较小的原则，处理破产银行的主要方式有三种：首先是直接理赔。FDIC 整理该银行账册，按存款保险最高赔偿限额等规定尽快赔付存款人的被保险存款。采用这一方式会造成银行服务的中断，同时保险基金损失较大。1969～1981 年间108 家破产银行的处理中，FDIC 只对其中的 1/3 采用了直接理赔方式，且这些银行的平均总资产只有 1040 万美元，平均存款较少。其次是收购与承担。收购与承担是指当投保银行破产倒闭后，由另一家经营稳健的银行承担倒闭银行的全部债务并购买其部分或全部资产。存款人和其他债权人得到全额保护，也不会导致银行服务的中断，保险基金的损失较小。收购与承担是 FDIC 的主要救助方式。最后是过桥经营。当投保银行破产后，由 FDIC 聘任的董事会取代原有董事会进行管理，FDIC 提供必要的资金以使其能运转至安排收购与承担方式处理或恢复至正常运作。法律规定 FDIC 最多只能经营 2 年，经营期后必须把此银行的所有权转移给他人。

风险调整保险费率合理分配保费负担。在 1991 年以前，美国的银行保费是按照固定费率收取的，目前采用的是根据风险调整的差别费率。从 2007 年开始，银行的保费按季缴纳，每次所缴纳的费用根据上一季度存款的日均余额以及该银行的适用费率计算得到。风险调整的保险费率可减少投保银行的道德风险，减少经营良好银行的保险费用负担。

存款保险制度有效降低了银行倒闭数量。20 世纪 20 年代，美国每年平均倒闭银行 500家左右，"大萧条"使 30 年代初上升为 2000 家。1933 年银行倒闭数达到 3000 家左右，同年联邦存款保险制度建立，有效提供了银行救助，降低了银行倒闭数量。在最初的十年里，每年倒闭的银行大约有 50 家；其后从 1945～1980 年，平均每年只有 5 家左右银行倒闭。

——编者根据相关资料整理

思考：我国存款保险制度建立中面临哪些挑战？

二、实训演练

商业银行的基本业务

实践任务：了解商业银行的基本业务。

实践目标：掌握商业银行的业务构成和发展。

实训方式：1. 学生分组查阅资料和现场调查；

2. 座谈、交流、讨论、总结。

三、课后练习

（一）名词解释

商业银行　信用中介　支付中介　信用创造　单一银行制　流动性　盈利性　安全性
中间业务　资产业务　负债业务　总分行制　分业经营　混业经营　五级分类法
存款保险制度

（二）填空题

1. 1845 年，中国出现的第一家新式银行是（　　）。

2. 中国自办的第一家银行是（　　）。

3. 当西方资本主义国家先后建立起新的银行体系时，中国信用领域占统治地位的金融机构是（　　）。

4. 银行相互之间的资金融通被称作（　　）。

5. 商业银行接受客户的现金存款以及从中央银行获得的再贴现和再贷款叫作（　　）。

6. 存款货币的创造是在商业银行组织的（　　）的基础上进行的。

7. 商业银行经营的三原则是（　　）、（　　）和（　　）。

8. 商业银行为了保持资金的高度流动性，贷款应是短期和商业性的，这种经营管理理论叫作（　　）。

9. （　　）强调的不是贷款能否自偿，也不是担保品能否迅速变现，而是借款人的确有可用于还款的任何预期收入。

10. 为了应付提存所需保持的流动性，商业银行可以将其资金的一部分投资于具备转让条件的证券上，这种理论叫作（　　）。

11. 借款人能够履行合同，有充分把握按时足额偿还本息的属于（　　）。

12. 尽管借款人目前有能力偿还本息，但是存在一些可能对偿还产生不利影响的因素，这类贷款是（　　）。

13. 借款人的还款能力出现了明显的问题，依靠其正常经营收入已无法保证足额偿还本息，这类贷款是（　　）。

14. 借款人无法足额偿还本息，即使执行抵押或担保，也肯定要造成一部分损失，这类贷款是（　　）。

15. 在采取所有可能的措施和必要的法律程序后，贷款可能也要造成一部分损失，这类贷款是（　　）。

16. 在改革开放之前我国是（　　）的银行体制。

17. 银行券是在（　　）流通的基础上产生的。

18. 接受他人委托，代为管理、经营和处理经济事务的行为，叫作（　　）。

19. 客户把现款交付银行，由银行把款项支付给异地收款人的业务，叫作（　　）。

20. 银行根据客户的要求，买进客户未到付款期的票据的业务，叫作（　　）。

（三）单项选择题

1. 1694 年，由私人创办的，最早的股份银行是（　　）。

A. 英格兰银行　　　　　　　　　　　　B. 汉堡银行

C. 纽伦堡银行　　　　　　　　　　　　D. 鹿特丹银行

2. 中国自办的第一家银行是 1897 年成立的（　　）。

A. 中国银行　　　　　　　　　　　　　B. 中国通商银行

C. 交通银行　　　　　　　　　　　　　D. 招商银行

3. 同早期的银行相比现代商业银行的本质特征（　　）。

A. 信用中介　　　　B. 支付中介　　　　C. 融通资金　　　　D. 信用创造

4. 银行持股公司旨在（　　）最为流行。

A. 英国　　　　　　B. 美国　　　　　　C. 日本　　　　　　D. 德国

5. 巴塞尔协议中规定银行核心资本对风险加权资产的标准比率目标至少为（　　）。

A. 8%　　　　　　　B. 4%　　　　　　　C. 5%　　　　　　　D. 10%

6. 银行买进一张未到期票据，票面额为 1 万元，年贴现率为 10%，票据 50 天后到期，则银行应向客户支付（　　）。

A. 9863 元　　　　　B. 9000 元　　　　　C. 10000 元　　　　D. 9800 元

7. 商业银行的投资业务是指银行（　　）的活动。

A. 贷款　　　　　　　　　　　　　　　B. 购买证券

C. 投资工业企业　　　　　　　　　　　D. 投资房地产

8. 就组织形式来说，我国商业银行实行（　　）。

A. 单元银行制度　　　　　　　　　　　B. 总分行制度

C. 代理行制度　　　　　　　　　　　　D. 银行控股公司制度

9. 普通居民存款属于（　　）。

A. 活期存款　　　　B. 定期存款　　　　C. 储蓄存款　　　　D. 支票存款

10. 客户以现款交付银行，有银行把款项支付给异地收款人的业务称为（　　）。

A. 汇兑业务　　　　B. 承兑业务　　　　C. 代收业务　　　　D. 信托业务

11. 一种储蓄账户，可付息，但可开出可转让支付命令，是（　　）。

A. NOW　　　　　　B. ATS　　　　　　C. MMDA　　　　　D. MMMF

12. 为了应付提存所需保持的流动性，商业银行可以将其资金的一部分投资于具备转让条件的证券上，这种理论被称为（　　）。

A. 商业贷款理论　　　　　　　　　　　B. 可转换理论

C. 逾期收入理论　　　　　　　　　　　D. 负债管理理论

13. 下列不属于负债管理理论缺陷的是（　　）。

A. 提高融资成本　　　　　　　　　　　B. 增加经营风险

C. 降低资产流动性　　　　　　　　　　D. 不利于银行稳健经营

14. 认为银行只宜发放短期贷款的资产管理理论是（　　）。

A. 可转换理论　　　　　　　　　　　　B. 逾期收入理论

C. 真实票据理论 　　　　　　　　　　　D. 超货币供给理论

15. 按有关规定确已无法收回，需要冲销呆账准备金的贷款属于（　　　）。

A. 逾期贷款 　　　　　　　　　　　　　B. 呆滞贷款

C. 可疑类贷款 　　　　　　　　　　　　D. 呆账贷款

（四）多项选择题

1. 商业银行的现金资产包括（　　　）。

A. 库存现金 　　　　　　　　　　　　　B. 在中央银行中的存款准备金

C. 同业存款 　　　　　　　　　　　　　D. 托收过程中的资金

2. （　　　）属于在商业银行创新中产生的新型存款账户。

A. ECU 　　　　　B. NOW 　　　　　C. ATS 　　　　　D. MMDA

3. 下列可开立支票的存款有（　　　）。

A. 定期存款 　　　　　　　　　　　　　B. 活期存款

C. 储蓄存款 　　　　　　　　　　　　　D. 货币市场存款账户

4. 商业银行贷款业务按担保形式分，可分为（　　　）。

A. 贴现贷款 　　　　B. 质押贷款 　　　　C. 抵押贷款 　　　　D. 信用贷款

5. 商业银行的资产业务包括（　　　）。

A. 现金 　　　　　　B. 贷款 　　　　　　C. 证券投资 　　　　D. 资本

6. 可以用来充当商业银行二线准备的资产有（　　　）。

A. 在中央银行的存款 　　　　　　　　　B. CDs

C. 国库券 　　　　　　　　　　　　　　D. 同业拆借资金

7. 下列属于在金融创新中出现的新型金融工具的有（　　　）。

A. 票据发行便利 　　　　　　　　　　　B. 信托业务

C. 远期利率协议 　　　　　　　　　　　D. 互换

8. 商业银行替客户办理中间业务可能获得的好处有（　　　）。

A. 控制企业经营 　　　　　　　　　　　B. 双方分成

C. 手续费收入 　　　　　　　　　　　　D. 暂时占用客户资金

9. 贷款证券化兼有（　　　）两重性质。

A. 资产业务创新 　　　　　　　　　　　B. 融资方式创新

C. 负债业务创新 　　　　　　　　　　　D. 融资范围扩大

10. 商业银行进行存款创造的前提条件有（　　　）。

A. 部分准备金制度 　　　　　　　　　　B. 非现金结算制度

C. 自身拥有银行券发行权 　　　　　　　D. 全部都是

（五）判断题

1. 商业银行与其他专业银行及金融机构的基本区别在于商业银行是唯一能接受、创造和收缩活期存款的金融机构。　　　　　　　　　　　　　　　　　　（　　　）

2. 商业银行经营的三原则中，流动性与盈利性正相关。　　　　　　　　（　　　）

3. 信托业务由于能够使商业银行获利，所以是资产业务。　　　　　　　（　　　）

4. 商业银行是对企业进行长期投资、贷款、包销新证券的专业银行。　　（　　）

5. 在信托关系中，托管财产的财产权即财产的所有、管理、经营和处理权，从委托人转移到受托人。　　（　　）

6. 负债管理理论盛行的时期，商业银行的资金来源得到扩大，从而大大提高了商业银行的盈利水平。　　（　　）

7. 呆滞贷款指的是逾期两年或虽未满两年，但经营停止的贷款。　　（　　）

8. 商业银行进行证券投资，主要是为了增加收益和增加资产的流动性，即充当二线准备。　　（　　）

9. 中间业务是指银行所从事的未列入银行资产负债表以及不影响资产和负债总额的经营活动。　　（　　）

10. 活期存款是个人为取得利息收入而开立的存款账户。　　（　　）

（六）思考题

1. 商业银行的含义是什么？它是如何产生与发展的？

2. 商业银行的性质与职能分别是什么？

3. 简述商业银行的组织形式。

4. 商业银行的主要业务有哪些？如何正确认识商业银行的表外业务？

5. 商业银行经营管理中应遵循哪些原则？每个原则之间的关系如何？

6. 试述商业银行的经营管理理论。

7. 试述商业银行的发展趋势。

8. 存款保险制度的产生背景是什么？

9. 存款保险制度的利弊分析？

10. 当前存款保险制度的主要组织形式是什么？我国属于哪一种？

第六章　中央银行

一、案例分析

【知识拓展】

中国人民银行历史沿革

中国人民银行的历史渊源，可以追溯到第二次国内革命战争时期。1931 年 11 月，在江西瑞金召开的"全国苏维埃第一次代表大会"上，通过决议成立"中华苏维埃共和国国家银行"（简称"苏维埃国家银行"），并发行货币。从土地革命到抗日战争时期一直到中华人民共和国诞生前夕，人民政权被分割成彼此不能连接的区域，各根据地建立了相对独立、分散管理的根据地银行，并各自发行在本根据地内流通的货币。1948 年 12 月 1 日，以华北银行为基础，合并北海银行、西北农民银行，在河北省石家庄市组建了中国人民银行，并发行人民币，成为中华人民共和国成立后的中央银行和法定本位币。

中国人民银行成立至今，特别是改革开放以来，在体制、职能、地位、作用等方面，都发生了巨大而深刻的变革。

（1）中国人民银行的创建与国家银行体系的建立（1948～1952 年）。

1948 年 12 月 1 日，中国人民银行在河北省石家庄市宣布成立。华北人民政府当天发出布告，由中国人民银行发行的人民币在华北、华东、西北三区的统一流通，所有公私款项收付及一切交易，均以人民币为本位货币。1949 年 2 月，中国人民银行由石家庄市迁入北平。1949 年 9 月，中国人民政治协商会议通过《中华人民共和国中央人民政府组织法》，把中国人民银行纳入政务院的直属单位系列，接受财政经济委员会指导，与财政部保持密切联系，赋予其国家银行职能，承担发行国家货币、经理国家金库、管理国家金融、稳定金融市场、支持经济恢复和国家重建的任务。

在国民经济恢复时期，中国人民银行在中央人民政府的统一领导下，着手建立统一的国家银行体系：一是建立独立统一的货币体系，使人民币成为境内流通的本位币，与各经济部门协同治理通货膨胀；二是迅速普建分支机构，形成国家银行体系，接管官僚资本银行，整顿私营金融业；三是实行金融管理，疏导游资，打击金银外币黑市，取消在华外商银行的特权，禁止外国货币流通，统一管理外汇；四是开展存款、放款、汇兑和外汇业务，促进城乡物资交流，为迎接经济建设做准备。到 1952 年国民经济恢复时期终结时，中国人民银行作为中华人民共和国的国家银行，建立了全国垂直领导的组织机构体系；统一了人民币发行，逐步收兑了解放区发行的货币，全部清楚并限期兑换了国民党政府发行的货币，很快使人民币成为全国统一的货币；对各类金融机构实行了统一管理。中国人民银行充分运用货币发行和货币政策，实行现金管理，开展"收存款、建金库、灵活调拨"，运用折实储蓄和存放款利率等手段调控市场货币供求，扭转了中华人民共和国成立初期金融市场混乱的状况，终于制止了国民党政府遗留下来的长达20年之久的恶性通货膨胀。同时，按照"公私兼顾、劳资两利、城乡互助、内外交流"的政策，配合工商业的调整，灵活调度资金，支持了国营经济的快速成长，适度地增加了对私营经济和个体经济的贷款；便利了城乡物资交流，为人民币币值的稳定和国民经济的恢复与发展做出了重大贡献。

(2) 计划经济体制时期的国家银行 (1953～1978年)。

在统一的计划体制中，自上而下的人民银行体制，成为国家吸收、动员、集中和分配信贷资金的基本手段。随着社会主义改造的加快，私营金融业纳入了公私合营银行轨道，形成了集中统一的金融体制，中国人民银行作为国家金融管理和货币发行的机构，既是管理金融的国家机关又是全面经营银行业务的国家银行。

与高度集中的银行体制相适应，从1953年开始，建立了集中统一的综合信贷计划管理体制，即全国的信贷资金，不论是资金来源还是资金运用，都由中国人民银行总行统一掌握，实行"统存统贷"的管理办法，银行信贷计划纳入国家经济计划，成为国家管理经济的重要手段。高度集中的国家银行体制，为大规模的经济建设进行全面的金融监督和服务。

中国人民银行担负着组织和调节货币流通的职能，统一经营各项信贷业务，在国家计划实施中具有综合反映和货币监督功能。银行对国有企业提供超定额流动资金贷款、季节性贷款和少量的大修理贷款，对城乡集体经济、个体经济和私营经济提供部分生产流动资金贷款，对农村中的贫困农民提供生产贷款、口粮贷款和其他生活贷款。这种长期资金归财政、短期资金归银行，无偿资金归财政、有偿资金归银行，定额资金归财政、超定额资金归银行的体制，一直延续到1978年，其间虽有几次变动，基本格局变化不大。

(3) 从国家银行过渡到中央银行体制 (1979～1992年)。

1979年1月，为了加强对农村经济的扶植，恢复了中国农业银行。同年3月，适应对外开放和国际金融业务发展的新形势，改革了中国银行的体制，中国银行成为国家指定的外汇专业银行；同时设立了国家外汇管理局。以后，又恢复了国内保险业务，重新建立中国人民保险公司；各地还相继组建了信托投资公司和城市信用合作社，出现了金融机构多元化和金融业务多样化的局面。

日益发展的经济和金融机构的增加，迫切需要加强金融业的统一管理和综合协调，由中国人民银行来专门承担中央银行职责，成为完善金融体制，更好发展金融业的紧迫议题。1982年7月，国务院批转中国人民银行的报告，进一步强调"中国人民银行是我国的中央银行，是国务院领导下统一管理全国金融的国家机关"，以此为起点开始了组建专门的中央银行体制的准备工作。

1983年9月17日，国务院作出决定，由中国人民银行专门行使中央银行的职能，并具体规定了人民银行的10项职责。自1984年1月1日起，中国人民银行开始专门行使中央银行的职能，集中力量研究和实施全国金融的宏观决策，加强信贷总量的控制和金融机构的资金调节，以保持货币稳定；同时新设中国工商银行，人民银行过去承担的工商信贷和储蓄业务由中国工商银行专业经营；人民银行分支行的业务实行垂直领导；设立中国人民银行理事会，作为协调决策机构；建立存款准备金制度和中央银行对专业银行的贷款制度，初步确定了中央银行制度的基本框架。

人民银行在专门行使中央银行职能的初期，随着全国经济体制改革深化和经济高速发展，为适应多种金融机构，多种融资渠道和多种信用工具不断涌现的需要，中国人民银行不断改革机制、搞活金融，发展金融市场，促进金融制度创新。中国人民银行努力探索和改进宏观调控的手段和方式，在改进计划调控手段的基础上，逐步运用利率、存款准备金率、中央银行贷款等手段来控制信贷和货币的供给，以求达到"宏观管住、微观搞活、稳中求活"的效果，在制止"信贷膨胀""经济过热"、促进经济结构调整的过程中，初步培育了运用货币政策调节经济的能力。

（4）逐步强化和完善现代中央银行制度（1993 年至今）。

1993 年，按照国务院《关于金融体制改革的决定》，中国人民银行进一步强化金融调控、金融监管和金融服务职责，划转政策性业务和商业银行业务。

1995 年 3 月 18 日，全国人民代表大会通过《中华人民共和国中国人民银行法》，首次以国家立法形式确立了中国人民银行作为中央银行的地位，标志着中央银行体制走向了法制化、规范化的轨道，是中央银行制度建设的重要里程碑。

1998 年，按照中央金融工作会议的部署，改革人民银行管理体制，撤销省级分行，设立跨省区分行，同时，成立人民银行系统党委，对党的关系实行垂直领导，干部垂直管理。

2003 年，按照党的十六届二中全会审议通过的《关于深化行政管理体制和机构改革的意见》和十届人大一次会议批准的国务院机构改革方案，将中国人民银行对银行、金融资产管理公司、信托投资公司及其他存款类金融机构的监管职能分离出来，并和中央金融工委的相关职能进行整合，成立中国银行业监督管理委员会。同年 9 月，中央机构编制委员会正式批准人民银行的"三定"调整意见。12 月 27 日，十届全国人民代表大会常务委员会第六次会议审议通过了《中华人民共和国中国人民银行法（修正案）》。

有关金融监管职责调整后，人民银行新的职能正式表述为"制定和执行货币政策、维护金融稳定、提供金融服务"。同时，明确界定："中国人民银行为国务院组成部门，是中华人民共和国的中央银行，是在国务院领导下制定和执行货币政策、维护金融稳定、提供金融服务的宏观调控部门。"这种职能的变化集中表现为"一个强化、一个转换和两个增加"。

"一个强化"，即强化与制定和执行货币政策有关的职能。人民银行要大力提高制定和执行货币政策的水平，灵活运用利率、汇率等各种货币政策工具实施宏观调控；加强对货币市场规则的研究和制定，加强对货币市场、外汇市场、黄金市场等金融市场的监督与监测，密切关注货币市场与房地产市场、证券市场、保险市场之间的关联渠道、有关政策和风险控制措施，疏通货币政策传导机制。

"一个转换"，即转换实施对金融业宏观调控和防范与化解系统性金融风险的方式。由过去主要是通过对金融机构的设立审批、业务审批、高级管理人员任职资格审查和监管指导等直接调控方式，转变为对金融业的整体风险、金融控股公司以及交叉性金融工具的风险进行监测和评估，防范和化解系统性金融风险，维护国家经济金融安全；转变为综合研究制定金融业的有关改革发展规划和对外开放战略，按照我国加入 WTO 的承诺，促进银行、证券、保险三大行业的协调发展和开放，提高我国金融业的国际竞争力，维护国家利益；转变为加强与外汇管理相配套的政策的研究与制定工作，防范国际资本流动的冲击。

"两个增加"，即增加反洗钱和管理信贷征信业两项职能。今后将由人民银行组织协调全国的反洗钱工作，指导、部署金融业反洗钱工作，承担反洗钱的资金监测职责，并参与有关的国际反洗钱合作。由人民银行管理信贷征信业，推动社会信用体系建设。

这些新的变化，进一步强化了人民银行作为我国的中央银行在实施金融宏观调控、保持币值稳定、促进经济可持续增长和防范化解系统性金融风险中的重要作用。随着社会主义市场经济体制的不断完善，中国人民银行作为中央银行在宏观调控体系中的作用将更加突出。面对更加艰巨的任务和更加重大的责任，中央银行在履行新的职责过程中，视野要更广，思路要更宽，立足点要更高。特别是要大力强化与制定和执行货币政策有关的职能，不仅要加强对货币市场、外汇市场、黄金市场等金融市场的规范、监督与监测，还要从金融市场体系有机关联的角度，密切关注其他各类金融市场的运行情况和风险状况，综合、灵活运用利率、汇率等各种货币政策工具，实施金融宏观调控。要从维护国家经济金融安全，实现和维护国家利益的高度，研究、规划关系到我国整个金融业改革、发展、稳定方面的重大战略问题。目前，我国经济市场化程度越来越高，货币政策决策面临的环境日趋复杂，金融业长期积累的金融风险仍然较重，改革与重组任务十分艰巨。在此情况下，中央银行要更善于准确把握影响经济金融发展全局的因素，注意研究新情况、开发新工具、探索新方法、解决新问题，并创造性地开展工作，努力做到识大局、讲宏观、懂技术、胆识兼备，充分发挥中央银行在宏观调控中的突出作用。

——摘编自《一文看懂中国利率市场化改革》，http://money.163.com/15/1023/23/B6L8F31A52H36.html

思考：人民银行的发展历程如何体现了我国经济体系的变化历程？

二、实训演练

中央银行的独立性

实践任务：了解中央银行独立性的相关知识，搜集中国和世界上其他不同国家中央银行独立性的案例。

实践目标：掌握中央银行对政府独立性的模式，分析现阶段中国人民银行的独立性的状况。

实训方式：1. 学生分组；
　　　　　　2. 座谈、交流、讨论、总结。

三、课后练习

（一）名词解释

中央银行　中央银行制度　再贴现　再贷款　最后贷款者　法定存款准备金
单一型中央银行制度　货币发行　国际储备　票据清算　中央银行独立性

（二）填空题

1. 成立于 1668 年的（　　　）是最早的中央银行。

2. 一国在中央设立一个中央银行机构，并在地方设立若干个二级中央银行机构的制度称为（　　　）。

3. 1833 年，英国国会通过（　　　），规定英格兰银行为唯一的发钞行，英格兰银行才成为英国的中央银行。

4. 所谓发行的银行就是（　　　）银行券的发行权。

5. 设立单独一家中央银行行使职能，领导并监督全国金融机构及市场的制度是（　　　）。

6. 参与货币联盟的所有国家共同建立一个跨国的、区域性的中央银行，各成员国内部不再设立完全意义上的中央银行的制度是（　　　）。

7. 当商业银行和其他金融机构发生资金短缺或周转不灵时，中央银行充当（　　　）对商业银行提供信贷。

8. 外汇黄金占款在中央银行资产负债表上属于（　　　）一栏。

9. 中央银行对经济进行调节的成本最低的资金来源是（　　　）。

10. 对（　　　），中央银行一般不支付利息。

11. 中央银行主要通过（　　　）对商业银行提供资金支持。

12. 过去中央银行发行纸币必须以（　　　）做准备。

13. 中央银行通过（　　　）办理全国银行的清算业务。

14. 中央银行产生后，货币扩张机制在数量上由受制于商业银行的贵金属储备转变为受制于（　　　）的规模。

15. 预防性管理是经常性的监督管理活动，也是最有效安全措施，（　　　）则是一种辅助性的稳定器。

16. 存款保险制度的目的在于（　　　）。

17. 各国金融监管的最后一道防线是（　　　）。

18. 中央银行的职能包括（　　　）、（　　　）和（　　　）。

19. 在当代中央银行进行货币数量管理时，已经从纸币发行管理转为（　　　）。

20. 中央银行组织全国银行清算包括（　　　）和（　　　）两大类。

（三）单项选择题

1. 世界大多数国家的中央银行采用（　　　）。

A. 单一型　　　　　　　　　　B. 复合型
C. 跨国型　　　　　　　　　　D. 准中央银行型

2. 下列中央银行的行为和服务中，体现其银行的银行的职能是（　　）。

A. 代理国库　　　　　　　　　　　　B. 对政府提供信贷

C. 集中商业银行现金准备　　　　　　D. 发行货币

3. 中央银行是国家的银行，它代理国库，集中（　　）。

A. 国库存款　　　B. 企业存款　　　C. 团体存款　　　D. 个人存款

4. 中央银行在经济衰退时，（　　）法定准备率。

A. 调高　　　B. 降低　　　C. 不改变　　　D. 取消

5. 各国中央银行货币发行准备基本上包括两种：一是现金准备；二是（　　）。

A. 商品保证准备　　　　　　　　　　B. 票券保证准备

C. 外汇保证准备　　　　　　　　　　D. 信用保证准备

6 中央银行若提高再贴现率，将（　　）。

A. 迫使商业银行降低贷款利率　　　　B. 迫使商业银行提高贷款利率

C. 使商业银行没有行动　　　　　　　D. 使企业得到成本更高的贷款

7. 根据票据交换理论，再多家银行参加的票据交换和清算的情况下，各行应收差额的综合一定（　　）各行应付差额的总和。

A. 大于　　　　　　　　　　　　　　B. 小于

C. 等　　　　　　　　　　　　　　　D. 可能大于，也可能小于

8. 中国人民银行行使中央银行职能，于（　　）首次规定各专业银行缴存存款准备金的办法。

A. 1983 年　　　B. 1985 年　　　C. 1984 年　　　D. 1986 年

9. 商业银行派生存款的能力（　　）。

A. 与原始存款成正比，与法定存款准备率成正比

B. 与原始存款成正比，与法定存款准备率成反比

C. 与原始存款成反比，与法定存款准备率成反比

D. 与原始存款成反比，与法定存款准备率成正比

10. 假定原始存款为 200 万元，准备率为 20%，现金漏损率为 30%，存款总额可扩大为（　　）。

A. 615 万元　　　B. 750 万元　　　C. 655 万元　　　D. 520 万元

11. 中央银行再贴现率的调整主要着眼于（　　）的考虑。

A. 短期　　　B. 中期　　　C. 长期　　　D. 年度

12. 在中央银行初创时期，最早设立的中央银行是（　　）。

A. 英格兰银行　　　　　　　　　　　B. 美国联邦储备体系

C. 瑞典里克斯银行　　　　　　　　　D. 德意志银行

13. 下列银行中，不同于其他三家银行的是（　　）。

A. 英格兰银行　　　　　　　　　　　B. 东京——三菱银行

C. 中国银行　　　　　　　　　　　　D. 花旗银行

14. 下列针对中央银行负债的变动中，使商业银行体系准备金增加的是（　　）。

A. 财政部在中央银行的存款增加　　　　　B. 外国在中央银行的存款增加

C. 流通中的通货减少　　　　　　　　　　D. 其他负债的增加

15. 在下列针对中央银行资产项目的变动中，导致准备金减少的是（　　　）。

A. 央行给存款机构贷款增加　　　　　　　B. 央行出售证券

C. 向其他国家中央银行购买外国通货　　　D. 中央银行增加在国外存款

（四）多项选择题

1. 中央银行有（　　　）。

A. 发行的银行　　　　　B. 国家的银行　　　　C. 银行的银行　　　　D. 监管的银行

2. 中央银行的作用有（　　　）。

A. 稳定货币与稳定经济　　　　　　　　　B. 调节信用于调节经济

C. 集中清算，加速资金周转　　　　　　　D. 开展国际金融的合作与交流

3. 中央银行的"银行的银行"的职能体现在（　　　）。

A. 集中存款准备　　　　　　　　　　　　B. 金融监管

C. 最终的贷款人　　　　　　　　　　　　D. 组织全国的清算

4. 中央银行的活动表正有（　　　）。

A. 不以营利为目的　　　　　　　　　　　B. 不经营普通银行业务

C. 制定货币政策是具有相对独立性　　　　D. AC 选项

5. 中央银行的三大政策工具有（　　　）。

A. 法定准备金率　　　　　　　　　　　　B. 再贴现

C. 公开市场业务　　　　　　　　　　　　D. 信用配额

6. 中央银行要实现"松"的货币政策可采取的措施有（　　　）。

A. 提高法定存款准备金率　　　　　　　　B. 降低再贴现率

C. 提高证券保证金比率　　　　　　　　　D. 在公开市场上购买有价证券

7. 以下属于人民币发行保证的有（　　　）。

A. 掌握在国家手中的生产资料和生活资料

B. 商业票据

C. 黄金储备

D. 外汇储备

8. 中央银行公开市场业务较其他货币政策工具的优越性明显体现在（　　　）。

A. 直接性强　　　　　B. 主动性好　　　　　C. 作用力大　　　　　D. 灵活性好

9. 中央银行直接信用控制工具包括（　　　）。

A. 利率最高限　　　　　　　　　　　　　B. 信用配额

C. 规定商业银行的流动比率　　　　　　　D. 直接干预

10. 中央银行金融监管的目标包括（　　　）。

A. 金融体系经营安全性　　　　　　　　　B. 公平竞争目标

C. 政策的协调一致目标　　　　　　　　　D. 一元化监管

（五）判断题

1. 中央银行国有化已成为一种发展趋势，西方主要国家中央银行国有的有美、英、法、德等国。　　　　　　　　　　　　　　　　　　　　　　　　　　　　（　　）

2. 中央银行的公开市场业务都是在二级市场而非一级市场上进行的。　　（　　）

3. 美国的联邦储备体系就是典型的单一中央银行制度。　　　　　　　　（　　）

4. 美国联邦储备银行的资本则由各会员银行认购。　　　　　　　　　　（　　）

5. 中央银行的货币发行在资产负债表中列在资产一方。　　　　　　　　（　　）

6. 基础货币等与流通中现金与商业银行的存款准备金之和。　　　　　　（　　）

7. 在中央银行产生之后，货币扩张机制收支与商业银行的贵金属储备。　（　　）

8. 当商业银行基层行处现金不足以支付时，可到上级行账户余额内提取现金。（　　）

9. 中央银行充当最后的贷款人是其国家银行职能的表现。　　　　　　　（　　）

10.《巴塞尔协议》规定，银行的资本对风险加权化资产的标准比率为4%。（　　）

（六）思考题

1. 为什么要建立中央银行？

2. 中央银行的性质是什么？它具有哪些职能？

3. 从世界范围来看，中央银行制度具有哪些类型？其资本组成的类型又有哪些？

4. 中央银行业务的主要内容是什么？

5. 中央银行为什么需要独立性？中央银行独立性的内容是什么？

6. 一国或地区的中央银行独立性取决于哪些因素？

7. 中央银行业务活动应遵循哪些原则？

8. 从全球来看，中央银行建立的主要途径有哪些？

金融市场篇

第七章 金融市场

一、案例分析

【案例导入】

创新是金融市场发展的灵魂

上海证券交易所总经理张育军 2010 年 6 月 18 日在上海证券报主办的 "2010 年金融与投资峰会" 的演讲中指出，创新是金融市场发展的灵魂，2010 年上半年上交所各项创新活动按照风险可控、有序推进、安全平稳的原则在扎实进行。

张育军表示，2010 年以来，我国资本市场仍然坚持在金融发展中把创新作为主要方向和目标来予以推进。具体到上交所，上半年主要围绕指数基金、融资融券等五个方面开展了业务创新。

其一，2010 年上半年基金市场快速发展，在上交所指数基金参数中，规模、深度、广度都有所拓展。初步预计，上半年上交所总共会有三只指数基金挂牌交易，包括上证超大盘 ETF、上证 180 价值 ETF、上证中盘 ETF 等。总体而言，截至 5 月 31 日，沪市 ETF 上市交易数量增加至 7 只，下半年预计还会推出 5.6 只 ETF 产品。另外，受益于股指期货的平稳推出，截至 2010 年 5 月底，ETF 总份额比去年底增长了 61.92%，180ETF 份额创出年内新高，表明产品创新提高了市场流动性。

其二，融资融券顺利推出，使得交易方式日益丰富。张育军称，今年 3 月 31 日融资融券业务试点启动以来，截至 5 月底，上海市场信用担保证券账户开户总数达到 1716 户，日均 37 户。上海市场融资融券累计成交金额达到了 19.55 亿元，占沪深两市累计成交金额的 64.1%。他说，该项业务推出以来，投资人参与的程度在不断提高，成交也逐步活跃，融资融券余额也稳定增长。目前第二批试点券商正在进行制度和技术准备，上交所下半年将继续推动试点，争取融资融券业务再有一个大的发展。

其三，不断改进交易机制，完善交易制度。2010 年上半年上交所放开了大宗交易的交易时间限制，申报时间从原来的半小时扩展到全天。同时，展开了报价回购业务试点，实现证券公司创新试点的重要突破。试点以来总成交 28592 笔，总成交金额 348.5 亿元，未到期余额 4.5 亿元，合格投资者 5606 人，参与回购合格投资者人数为 1284 人。下一步上交所还将进一步推动合格投资人制度和大宗交易制度的完善，包括提供盘后固定价格交易方式、增加匿名交易模式、丰富非担保的交收方式等。

其四，加强债券市场创新，深化债券市场改革。上交所主要以公司债和企业债为主要品种，扩大发行上市规模。据悉，2010 年上半年到 5 月底沪市已经有 30 多家债券上市，同时上交所对交易平台进行了整合，以更好地满足投资人交易需求。目前，在产品的品种上，特别在回购品种上也作了调整，回购期限放开，从 1 天到 365 天均有回购产品。接下来，交易所仍将大力推进债市发展，以商业银行入市为契机，推动债券市场统一互联。

其五，股指期货成功推出后，推动了监管手段创新。具体而言，股指期货上市后，交易所进一步完善监察系统功能，强化了对沪深 300 指标股相关监控工作。而为增强盘中异常的及时发现和处置，上交所与中金所还建立了盘中监管"绿色通道"制度，如双方发现盘中异常情况，可以由事先指定的人员通过电话方式及时沟通盘中各自交易情况，以便于及时发现和控制风险。

——摘编自 2010 年 6 月 21 日《上海证券报》

思考： 1. 本案例提到了几个金融市场的子市场？分别是什么？

2. 本案例提到了哪几种金融工具？分别是什么？

3. 本案例提到了几种创新？分别是什么？

4. 你认为什么是金融市场的创新？

【媒体聚焦】

"紧"字当头——2017 年度中国货币市场回顾与展望

2017 年，货币市场无论是从量还是价格水平的角度来看，都体现出了"紧"的特点。2018 年货币市场"紧"的特点还将延续，但同时也有一些积极的因素正在逐渐产生作用。

1. 2017 年中国货币市场：量缩价升

货币供应量的增长通常对应两个部分：经济增长和通货膨胀。在我国宏观经济的实际运行中，货币增长量往往超过经济增长和通货膨胀所需的货币总量。这一差值，可以暂时记为"超额货币"，也可以形象地理解为货币中的"水分"。

已有不少研究证明，货币中的"水分"是拉动我国经济增长的重要动力。2017 年，我国广义货币供应量 M2 同比增速结束了 30 多年来的两位数高增长，进入了个位数增长时代，上述"超额货币"也逐渐减小（见图 7-1）。

图 7-1 中，以 M2 同比增长减去 GDP 与 CPI 同比增长之和，得出"超额货币"同比增长情况，可以看出，在过去较长的一段时间内"超额货币"都处于正向水平。但一个明显的趋势是：近年来，对应于 M2 增速的减缓，"超额货币"正在减小，"水分"正在蒸发。从这一点来判断，虽然货币的绝对总量在上升，但是其相对量却在萎缩。

再从货币价格，即利率水平的角度考虑，2017 年各项利率都呈现出不同幅度的上升。

以 Shibor 全年的运行情况为例，有三个特点值得注意。

一是长短期利率上升幅度存在明显差异。从图 7-2 中可以看出，隔夜和一周 Shibor 虽有上扬，但较为平稳，隔夜利率涨幅 26.89%，一周 Shibor 涨幅 10.78%。但两周以上的 Shibor 出现了较大幅度的上行，各项利率涨幅都超过 30%。

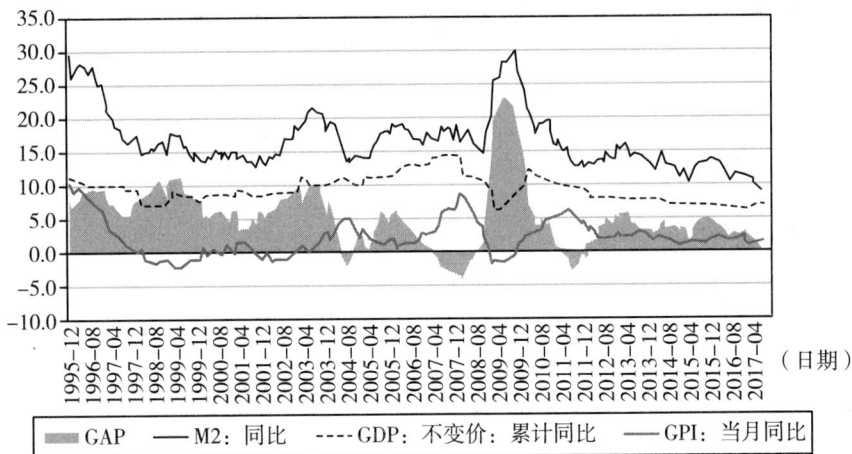

图 7 - 1　"超额货币"情况

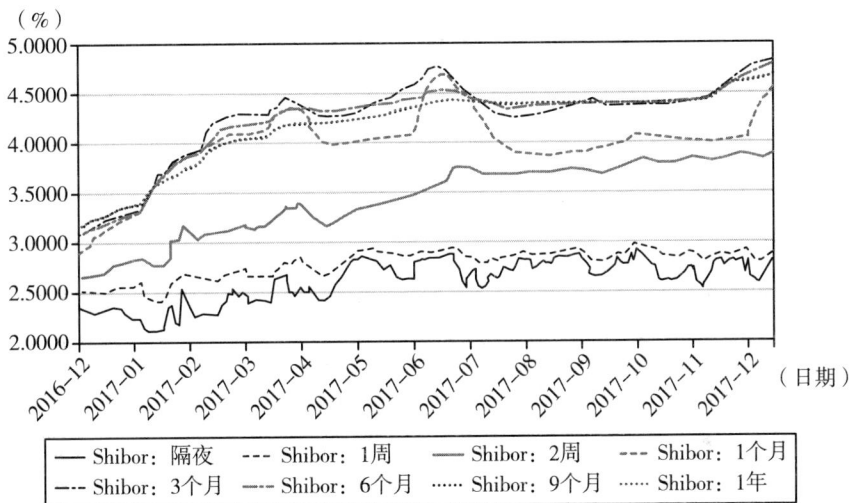

图 7 - 2　2017 年银行间拆借利率

二是期限利率出现倒挂。3 个月 Shibor 与 6 个月、9 个月和 1 年期利率出现倒挂,即短期限的利率水平高于长期限,尤其在各个季末时点上,这一现象尤为明显。

三是隔夜和 1 月期的利率波动较大。从图 7 - 2 中可以看到隔夜和 1 月期利率有明显的"冲时点"现象,1 个月 Shibor 在 3 月末 6 月末都出现了"钟型",时至年末又再次拉伸。

再对比债券市场收益率走势来看,虽然债券市场对于利率上行的反应也较大,但敏感度仍不及货币市场(见图 7 - 3)。

2. 货币市场走势成因分析

一是外汇储备下降,减少了基础货币投放。我国在之前的很长一段时间内,"外汇占款"都是基础货币投放的主要渠道。而随着中国经济进入调整转型期,人民币贬值压力自"8·11"汇改之后开始释放,外汇储备也随之由高峰时期的近 4 万亿美元下降为 2017 年年初的不到 3 万亿美元。

图 7 - 3　2017 年 10 年期国开债和国债利率

2017 年全年，随着人民币汇率稳中有升，外汇储备也出现小幅回升，但回升幅度远不及前期下降幅度（见图 7 - 4）。面对这种情况，央行灵活运用多种工具进行货币投放，对冲外汇占款渠道投放下降的影响。但在构建起适应于我国现阶段经济需要的货币发行机制之前，外汇储备规模下降导致货币供应量增速减缓的影响犹在。

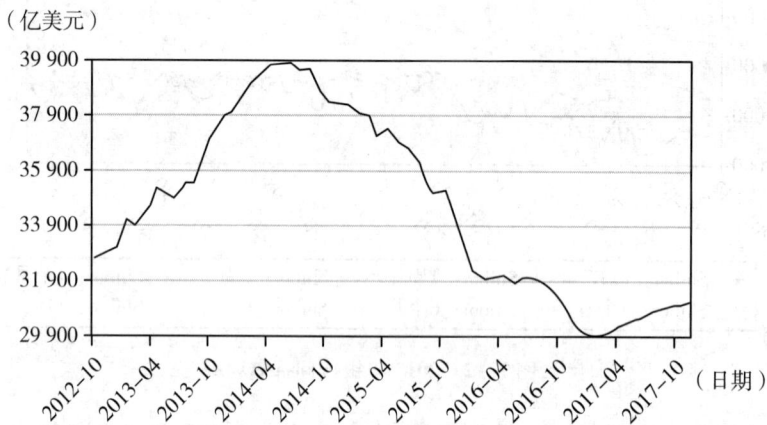

图 7 - 4　外汇储备变化情况

二是美元加息和国内金融强监管带来的环境压力。人民币汇率稳定是打破升贬值预期，从而消除跨境套利、维护金融稳定的主要因素之一。2017 年，美元进行了三次加息，时近年末，特朗普的减税提案获得有条件通过，使得全球资本有回流美国的趋势。

为适应美元加息、国内金融去杠杆、防止金融资本空转这一复杂环境，央行需要收紧货币政策，但同时，为保障经济增长，防范次生金融风险，也不能将口子收得太窄。从央行实际操作情况来看，货币政策体现了"稳健中性"特点。

三是中国经济增长方式的转变带来信用扩张的变化。目前，我国经济增长方式正在从房地产和基建为主，向科技创新和消费服务为主转变，由此带来对金融资本投入需求的变化。可以看到，未来新增长的主要特色为"轻固定资产重人力技术"，对于信用的扩张需求自然下降，从而引起货币创造过程的收缩。

值得一提的是，久为诟病的刚性兑付被打破，也是其中的一个重要因素。打破刚性兑付，从债券市场到银行理财，风险收益的差别被体现了出来，利率水平中风险因素的上扬导致整体利率水平的上行。

3. 2018 年货币市场展望：量稳价升

笔者认为，2018 年的货币市场将比 2017 年有所好转，但不会出现大幅度的变化，货币供应量增速可能企稳，但价格上升的压力还将持续一段时间，出现量稳价升的局面。这个判断，是基于外部环境、货币政策、经济增长以及市场适应情况等方面的考虑。

首先，从全球流动性的角度来看，美元加息信号明确，美联储对于既定的缩表计划执行较为坚定，同时特朗普减税政策降低企业成本，资本有回流美国的倾向，两者综合作用给全球流动性带来考验。针对当前环境，央行正在运用较为灵活的手段，对货币供应量的平稳增长进行调节。近期，央行允许地方债进行质押融资，既是对前期平台债券置换工作的延续，也是将货币供应方式由美元信用转向大国自身信用的重要方式。所以在宏观上，本文判断货币供应量将企稳，其表现为增速的平稳运行。

其次，当前稳健中性的货币政策依然会保持。面对美元加息，央行大概率不会跟从上调基准利率，但很有可能向上微调政策工具利率。央行对于金融去杠杆、金融行业高效健康发展的目标更加重视，在此背景下货币政策难言放松。而同时，大幅度收紧也难以发生，主要的原因在于需保持一定的流动性、防范金融风险。由此可知，流动性的"阀门"不会有太大的变化，甚至可能再收紧一点。

再次，经济增长依然承压，使得货币市场趋紧。虽然经济增长仍可以维持在 6.5% 的水平，但是考虑到房地产市场调控趋严，房地产的拉动作用较难体现，甚至可能出现反向作用，对货币创造形成反向影响。

最后，监管部门打破刚性兑付的决心，从长远利益来看有利于金融系统健康发展。但短期而言，随着违约事件不断发生，市场主体的风险规避意识加强，"持币观望"或"过冬"的倾向逐步蔓延，会造成流动性价格上涨的局面。

当然，上述导致货币市场趋紧的因素，在市场主体经过一段时间的适应后或将慢慢修正。外汇占款投放货币渠道的逐步退出是一个客观趋势，央行正在探索构建大国信用货币投放模式。稳健中性的货币政策，在适当的时机（如金融去杠杆已经取得成效之后）或适度放宽，为市场补充流动性以促进经济健康发展。在经济增长层面，虽然房地产市场的寒冬会降低货币创造过程，但一部分投机性货币重回实体经济，对经济的长远发展无疑是有利的。刚性兑付的打破虽然会使得风险利率上升，让市场感觉"钱紧"，但待金融系统接受市场化风险定价，及市场成熟、理性投资文化进一步形成，风险利率水平会自然回落。

——摘编自邓志超、陈冀：《2017 年度中国货币市场回顾与展望》
载于《中国货币市场》杂志 2018 年第 1 期总第 195 期

思考：如何理解金融市场的"紧"与"松"？

二、实训演练

资本市场

实践任务：了解中国股票市场的发展历程和股票价格波动趋势，理解股票价格的影响因素，探讨中国资本市场发展趋势。

实践目标：掌握资本市场的特点和功能，理解股票价格的影响因素。

实训方式：1. 学生分组；

　　　　　　2. 座谈、交流、讨论、总结。

三、课后练习

（一）名词解释

金融市场　货币市场　资本市场　衍生金融工具　期货　远期　期权　回购与逆回购　外汇交易　股票　同业拆借

（二）填空题

1. 一般认为，金融市场是（　　）和金融工具交易的总和。

2. 金融市场的交易对象是（　　）。

3. 金融市场的交易"价格"是（　　）。

4. 流动性是指金融工具的（　　）能力。

5. 收益率是指持有金融工具所取得的（　　）与（　　）的比率。

6. 商业票据是起源于（　　）的一种传统金融工具。

7. （　　）是描述股票市场总的价格水平变化的指标。

8. 中长期的公司债券期限一般在（　　）年以上。

9. 一级市场是组织证券（　　）业务的市场。

10. 证券交易市场的最早形态是（　　）。

11. （　　）由于其流动性强，常被当作仅次于现金和存款的"准货币"。

12. 马克思曾说（　　）是资本主义生产发展的第一推动力和持续推动力。

13. 金融市场的核心是（　　）。

14. 金融衍生工具是指其价值依赖于（　　）的一类金融产品。

15. 期权分（　　）和（　　）两个基本类型。

16. 商业票据市场可分为（　　）、（　　）和（　　）。

17. 人们在进行资产组合时，追求的是与（　　）相匹配的收益。

18. 从动态上看，金融市场运行机制主要包括（　　）系统和（　　）机制。

19. 金融市场内调节机制主要是（　　）和（　　）。

20. 目前，远期合约主要有（　　　）远期和（　　　）远期两类。

（三）单项选择题

1. 目前一些经济发达国家以证券交易方式实现的金融交易，已占有越来越大的份额。人们把这种趋势称为（　　　）。

　　A. 资本化　　　　　　B. 市场化　　　　　　C. 证券化　　　　　　D. 电子化

2. 金融市场上的交易主体指金融市场的（　　　）。

　　A. 供给者　　　　　　B. 需求者　　　　　　C. 管理者　　　　　　D. 参加者

3. 下列不属于直接金融工具的是（　　　）。

　　A. 可转让大额定期存单　　　　　　　　B. 公司债券

　　C. 股票　　　　　　　　　　　　　　　D. 政府债券

4. 短期资金市场又称为（　　　）。

　　A. 初级市场　　　　　B. 货币市场　　　　　C. 资本市场　　　　　D. 次级市场

5. 长期资金市场又称为（　　　）。

　　A. 初级市场　　　　　B. 货币市场　　　　　C. 资本市场　　　　　D. 次级市场

6. 一张差半年到期的面额为 2000 元的票据，到银行得到 1900 元的贴现金额，则年贴现率为（　　　）。

　　A. 5%　　　　　　　　B. 10%　　　　　　　　C. 2.56%　　　　　　D. 5.12%

7. 下列不属于货币市场的是（　　　）。

　　A. 银行同业拆借市场　　　　　　　　　B. 贴现市场

　　C. 短期债券市场　　　　　　　　　　　D. 证券市场

8. 现货市场的交割期限一般为（　　　）。

　　A. 1 ~ 3 日　　　　　B. 1 ~ 5 日　　　　　C. 1 周　　　　　　　D. 1 个月

9. 下列属于所有权凭证的金融工具是（　　　）。

　　A. 公司债券　　　　　　　　　　　　　B. 股票

　　C. 政府债券　　　　　　　　　　　　　D. 可转让大额定期存单

10. 下列属于优先股股东权利范围的是（　　　）。

　　A. 选举权　　　　　　B. 被选举权　　　　　C. 收益权　　　　　　D. 投票权

11. 下列属于短期资金市场的是（　　　）。

　　A. 票据市场　　　　　B. 债券市场　　　　　C. 资本市场　　　　　D. 股票市场

12. 金融工具的价格与其盈利率和市场利率分别是（　　　）变动关系。

　　A. 反方向，反方向　　　　　　　　　　B. 同方向，同方向

　　C. 反方向，同方向　　　　　　　　　　D. 同方向，反方向

13. 在代销方式中，证券销售的风险由（　　　）承担。

　　A. 经销商　　　　　　B. 发行人　　　　　　C. 监管者　　　　　　D. 购买者

14. 目前我国有（　　　）家证券交易所。

　　A. 1　　　　　　　　　B. 2　　　　　　　　　C. 3　　　　　　　　　D. 4

15. 最早的远期、期货合约中的相关资产是（　　　）。

A. 军火　　　　　　　B. 石油　　　　　　　C. 粮食　　　　　　D. 钢铁

16. 远期合约买方可能形成的收益或损失状况是（　　　）。

A. 收益无限大，损失有限大　　　　　　　B. 收益有限大，损失无限大

C. 收益有限大，损失有限大　　　　　　　D. 收益无限大，损失无限大

17. 金融工具的流动性与偿还期限成（　　　）。

A. 反比　　　　　　　B. 正比　　　　　　　C. 倒数关系　　　　D. 不相关

18. 下列不属于初级市场活动内容的是（　　　）。

A. 发行股票　　　　　B. 发行债券　　　　　C. 转让股票　　　　D. 增发股票

19. 下列关于初级市场与二级市场关系的论述正确的是（　　　）。

A. 初级市场是二级市场的前提

B. 二级市场是初级市场的前提

C. 没有二级市场初级市场仍可存在

D. 没有初级市场二级市场仍可存在

20. 期权卖方可能形成的收益或损失状况是（　　　）。

A. 收益无限大，损失有限大　　　　　　　B. 收益有限大，损失无限大

C. 收益有限大，损失有限大　　　　　　　D. 收益无限大，损失无限大

（四）多项选择题

1. 金融工具应具备的条件有（　　　）。

A. 偿还性　　　　　　B. 可转让性　　　　　C. 营利性

D. 流动性　　　　　　E. 风险性

2. 能够直接为筹资人筹集资金的市场有（　　　）。

A. 发行市场　　　　　B. 一级市场　　　　　C. 次级市场

D. 二级市场　　　　　E. 交易市场

3. 按金融交易的交割期限可以把金融市场划分为（　　　）。

A. 现货市场　　　　　B. 货币市场　　　　　C. 长期存贷市场

D. 证券市场　　　　　E. 期货市场

4. 股票及其衍生工具交易的种类主要有（　　　）。

A. 现货交易　　　　　　　　　　　　　　　B. 期货交易

C. 期权交易　　　　　　　　　　　　　　　D. 股票指数交易

E. 贴现交易

5. 金融市场必须具备的要素有（　　　）。

A. 交易形式　　　　　B. 交易对象　　　　　C. 交易主体

D. 交易工具　　　　　E. 交易价格

6. 下列属于货币市场金融工具的有（　　　）。

A. 商业票据　　　　　B. 股票　　　　　　　C. 短期公债

D. 公司债券　　　　　E. 回购协议

7. 由债权人开出的票据有（　　　）。

A. 本票　　　　　　　　B. 汇票　　　　　　　C. 期票

D. 支票　　　　　　　　E. 股票

8. 下列金融工具中，没有偿还期的有（　　　）。

A. 永久性债券　　　　　　　　　　B. 银行定期存款

C. 股票　　　　　　　　　　　　　D. CD 单

E. 商业票据

9. 根据股东权利范围不同，可以把股票分为（　　　）。

A. 记名股　　　　　　　B. 优先股　　　　　　　C. 不记名股

D. 新股　　　　　　　　E. 普通股

10. 按金融交易对象可以把金融市场划分为（　　　）。

A. 股票市场　　　　　　B. 票据市场　　　　　　C. 证券市场

D. 黄金市场　　　　　　E. 外汇市场

11. 下列属于短期资金市场的有（　　　）。

A. 同业拆借市场　　　　　　　　　B. 回购协议市场

C. 短期债券市场　　　　　　　　　D. 票据市场

E. 短期资金借贷市场

12. 目前西方较为流行的金融衍生工具有（　　　）。

A. 远期合约　　　　　　　　　　　B. 期货

C. 期权　　　　　　　　　　　　　D. 可转换优先股

E. 互换

13. 远期合约、期货合约、期权合约、互换合约的英文名是（　　　）。

A. forwards　　　　　　B. futures　　　　　　C. options

D. stocks　　　　　　　E. swaps

14. 以下属于利率衍生工具的有（　　　）。

A. 债券期货　　　　　　B. 债券期权　　　　　　C. 外汇期货

D. 外汇期权　　　　　　E. 货币互换

15. 场内交易和场外交易的最大区别在于（　　　）。

A. 风险性　　　　　　　B. 流动性　　　　　　　C. 组织性

D. 集中性　　　　　　　E. 公开性

（五）判断题

1. 金融市场发达与否是一国金融发达程度及制度选择取向的重要标志。　　（　　　）

2. 期权买方的损失可能无限大。　　（　　　）

3. 偿还期限是指债务人必须全部归还利息之前所经历的时间。　　（　　　）

4. 传统的商业票据有本票和支票两种。　　（　　　）

5. 国家债券是由政府发行的，主要用于政府贷款。　　（　　　）

6. 二级市场的主要场所是证券交易所，但也扩及交易所之外。　　（　　　）

7. 新证券的发行，有公募与私募两种形式。　　（　　　）

8. 期货合约的买卖双方可能形成的收益或损失都是有限的。　　　　（　　）

9. 可转换债券是利率衍生工具的一种。　　　　　　　　　　　（　　）

（六）计算题

1. 某债券面值 100 元，10 年偿还期，年息 9 元，则其名义收益率是多少？

2. 某债券面值 120 元，市场价格为 115 元，10 年偿还期，年息 9 元，则其即期收益率是多少？

3. 某投资者以 97 元的价格，购入还有 1 年到期的债券，债券面值 100 元，年息 8 元。则其平均收益率是多少？

4. 某三年期债券，面值 100 元，票面利率 8%，到期一次性还本付息，市场利率为 9%，则其价格为多少？

（七）思考题

1. 简述金融市场的产生和发展。

2. 金融市场的常见类型有哪些？在现代经济社会中金融市场如何发挥其职能？

3. 货币市场的基本构成有哪些？

4. 资本市场的交易策略。

5. 衍生金融市场的产生与风险分析。

6. 简述全球外汇市场的发展历程对我国人民币国家化的进程的影响。

宏观均衡篇

第八章 货币需求

一、案例分析

【热点观察】

中国的流动性陷阱

2016 年中国人民银行盛松成表示，现在货币政策有一点陷入流动性陷阱的现象，大量的货币发行出来以后并没有能够迅速地拉动经济。凯恩斯说的是整个社会的流动性陷阱，而我们现在陷入了"企业的流动性陷阱"。什么是货币"流动性陷阱"？超发的货币都去哪了？

1. 中国已出现流动性陷阱迹象。国泰君安宏观团队从指标解读认为，中国已出现流动性陷阱迹象——一方面经济不断下滑；另一方面，短端利率已降至最低水平附近，而短端利率的下降无法传导到长端利率和贷款利率，降准降息的边际效应正在递减。

2. 企业陷入流动性陷阱的几个原因。

第一，企业持币待投资。大量货币增加流向企业，但是企业并没有找到合适的投资方向，于是就把大量的钱留在活期存款账户上，正好是我们实体经济的制造业和民间固定资本投资最低的时候。1~6月民间固定资产投资同比仅增 2.8%，比 2015 年同期低 8.6 个百分点，为 2012 年 1 季度首次发布以来的历史最低值。

第二，M1 高速增长。近期的活期存款利率是 0.35%，没有必要把大量的钱放到定期存款，企业把大量的活期存款放在里面，形成了 M1 的高增长。地方债务置换可能对 M1 形成扰动，置换债务以后，有一个时间差，地方政府会先放在企业或者事业单位的账户上。整个 M1 的增速不停地上升。

第三，信贷市场长期存在结构性问题，利率传导不畅。一方面，实体经济仍面临通缩压力，与之相对应的则是，银行间隔夜回购利率降至 1% 左右，和超额准备金利率 0.72% 仅差 28bp。长端利率和贷款利率仍居高不下，10 年期国债利率近半个月不降反升 20bp 到 3.6%。由于短端利率向长端利率传导的机制并不顺畅；同时货币市场、债券市场和信贷市场的割裂，阻碍了利率的传导；并且信贷市场长期存在结构性问题，投放很不均衡，造成结构性的流动性陷阱，因此和欧美国家曾经出现过的流动性陷阱相比，中国面临的结构性流动性陷阱问题更严重。

第四，中国特色流动性陷阱：实体经济融资难。中国实体经济仍然有较强融资需求，只是因为"融资难"的约束才增长低迷。但由于一些行政性的约束,实体经济资金需求的两个大户:地方政府和房地产在获取融资方面面临不小困难。由于金融市场向实体经济的流动性投放途径被人为阻塞,所以金融市场出现了资金没有去处,只能主动交还给央行的状况。因此可以将其称为"中国特色的流动性陷阱"。

超发货币未流入实体经济,可能有两个去向:一是维持债务循环和庞氏融资滚动,资金大量沉淀从而导致货币流通速度下降;二是本轮货币宽松周期开启以来,先是2014年、2015年上半年推升股市泡沫,然后是2015年下半年以来推升一线和核心二线城市房市泡沫。

——编者根据相关资料整理

思考: 如何理解流动性陷阱?如何解决?

二、实训演练

理解货币需求与需求量

实践任务: 从身边的生活中发现货币需求的影响因素。
实践目标: 掌握货币需求与需求量之间的关系。
实训方式: 1. 学生分组调查美国;
　　　　　　2. 座谈、交流、讨论、总结。

三、课后练习

(一)名词解释
货币需求　名义货币需求　真实货币需求　货币数量论　现金交易说　现金余额说
交易动机理论　流动性陷阱　权变法　简单规则法

(二)填空题
1. 费雪方程式中,M是一个(　　)变量。
2. 剑桥方程式是从(　　)角度分析货币需求的。
3. 凯恩斯认为,投机性货币需求与(　　)负相关。
4. 投机性货币需求的增减关键在于微观主体对(　　)利率水平的估价。
5. 凯恩斯的后继者认为,交易性货币需求的增幅小于收入的增幅,因而具有(　　)的特点。
6. 弗里德曼认为,人们的财富总额可以用(　　)作为代表性指标。
7. 弗里德曼的货币需求函数中,货币需求与人力财富的比重(　　)相关。
8. 从微观角度考察货币需求时,财富和收入属于(　　)变量。

9. 从宏观角度分析，微观主体对货币需求的影响已被纳入（　　）变量之中。

10. 凯恩斯对货币需求理论的突出贡献是关于货币需求（　　）的分析。

11. 费雪方程式的缺陷在于没有考虑（　　）对货币需求的影响。

12. 凯恩斯的"流动偏好"概念是指人们的（　　）。

13. 名义货币需求与实际货币需求的区别在于是否剔除（　　）的影响。

（三）单项选择题

1. 马克思关于流通中货币量理论的假设条件是（　　）。

A. 完全的金币流通　　　　　　　　　　B. 完全的纸币流通

C. 金币流通为主　　　　　　　　　　　D. 纸币流通为主

2. 费雪在其方程式（MV = PT）中认为，最重要的关系是（　　）。

A. M 与 V 的关系　　　　　　　　　　B. M 与 T 的关系

C. M 与 P 的关系　　　　　　　　　　D. T 与 V 的关系

3. 剑桥方程式重视的是货币的（　　）。

A. 交易功能　　　　　　　　　　　　　B. 资产功能

C. 避险功能　　　　　　　　　　　　　D. 价格发现功能

4. 凯恩斯把用于贮存财富的资产划分为（　　）。

A. 货币与债券　　　　　　　　　　　　B. 股票与债券

C. 现金与存款　　　　　　　　　　　　D. 储蓄与投资

5. 凯恩斯提出的最有特色的货币需求动机是（　　）。

A. 交易动机　　　　B. 预防动机　　　　C. 投资动机　　　　D. 投机动机

6. 弗里德曼认为货币需求函数具有（　　）的特点。

A. 不稳定　　　　　B. 不确定　　　　　C. 相对稳定　　　　D. 相对不稳定

7. 下列（　　）方程式是马克思的货币必要量公式。

A. MV = PT　　　　B. P = MV/T　　　　C. M = PQ/V　　　　D. M = KPY

8. 下列变量中，属于典型的外生变量的是（　　）。

A. 利率　　　　　　B. 税率　　　　　　C. 汇率　　　　　　D. 价格

9. 凯恩斯的货币需求函数非常重视（　　）。

A. 恒久收入的作用　　　　　　　　　　B. 货币供应量的作用

C. 利率的作用　　　　　　　　　　　　D. 汇率的作用

10. 弗里德曼的货币需求函数强调的是（　　）。

A. 恒久收入的影响　　　　　　　　　　B. 人力资本的影响

C. 利率的主导作用　　　　　　　　　　D. 汇率的主导作用

11. 凯恩斯认为，债券的市场价格与市场利率（　　）。

A. 正相关　　　　　B. 负相关　　　　　C. 无关　　　　　　D. 不一定

12. 如果人们预期利率上升，则会（　　）。

A. 多买债券，少存货币　　　　　　　　B. 少存货币，多买债券

C. 卖出债券，多存货币　　　　　　　　D. 少买债券，少存货币

13. 收入属于货币需求决定因素中的（　　　）。

A. 微观变量　　　　　　　　　　B. 机会成本变量

C. 制度变量　　　　　　　　　　D. 规模变量

（四）多项选择题

1. 马克思认为，货币需求量取决于（　　　）。

A. 商品价格　　　　　　B. 货币价值　　　　　C. 商品数量

D. 货币储藏量　　　　　E. 货币流通速度

2. 凯恩斯认为，人们持有货币的动机有（　　　）。

A. 投资动机　　　　　　　　　　B. 消费动机

C. 交易动机　　　　　　　　　　D. 预防动机

E. 投机动机

3. 弗里德曼把影响货币需求量的诸因素划分为（　　　）。

A. 各种金融资产　　　　　　　　B. 恒久收入与财富结构

C. 各种资产预期收益和机会成本　D. 各种随机变量

E. 各种有价证券

4. 人们通常将货币需求的决定因素划分为（　　　）。

A. 规模变量　　　　　　　　　　B. 速度变量

C. 结构变量　　　　　　　　　　D. 机会成本变量

E. 其他变量

5. 研究货币需求的宏观模型有（　　　）。

A. 马克思的货币必要量公式　　　B. 费雪方程式

C. 剑桥方程式　　　　　　　　　D. 凯恩斯函数

E. 平方根法则

6. 研究货币需求的微观模型有（　　　）。

A. 马克思的货币必要量公式　　　B. 费雪方程式

C. 剑桥方程式　　　　　　　　　D. 凯恩斯函数

E. 平方根法则

7. 影响我国货币需求的因素有（　　　）。

A. 价格　　　　　　　　　　　　B. 收入

C. 利率　　　　　　　　　　　　D. 货币流通速度

E. 金融资产收益率

8. 根据"平方根法则"，交易性货币需求（　　　）。

A. 是利率的函数　　　　　　　　B. 与利率同方向变化

C. 与利率反方向变化　　　　　　D. 变动幅度比利率变动幅度小

E. 变动幅度比收入变动幅度大

9. 弗里德曼货币需求函数中的机会成本变量有（　　　）。

A. 恒久收入　　　　　　　　　　B. 预期物价变动率

C. 固定收益的债券利率　　　　　　　　　　D. 非固定收益的债券利率

E. 非人力财富占总财富的比重

10. 下列属于影响货币需求的机会成本变量的有（　　　　）。

A. 利率　　　　　　　　　　B. 收入　　　　　　　　C. 财富

D. 物价变动率　　　　　　　E. 制度因素

（五）判断题

1. 马克思认为，金币流通条件下的货币数量由商品的价格总额决定。　　　（　　　）

2. 费雪方程式中的 P 值主要取决于 V 值的变化。　　　　　　　　　　　（　　　）

3. 剑桥方程式是从宏观角度分析货币需求的。　　　　　　　　　　　　　（　　　）

4. 凯恩斯认为，预防性货币需求与利率水平正相关。　　　　　　　　　　（　　　）

5. 凯恩斯的后继者认为，交易性货币需求的变动幅度小于利率的变动幅度。（　　　）

6. 在凯恩斯看来，投机性货币需求增减的关键在于微观主体对现存利率水平的估价。

　　　　　　　　　　　　　　　　　　　　　　　　　　　　　　　　（　　　）

7. 弗里德曼认为，人力财富占个人总财富的比重与货币需求负相关。　　　（　　　）

8. 弗里德曼认为，恒久收入无法用实证方法得到证明。　　　　　　　　　（　　　）

9. 在弗里德曼看来，恒久收入相对稳定，货币流通速度则相对不稳定。　　（　　　）

10. 弗里德曼认为，人们的财富总额可以用即期收入作为代表性指标。　　　（　　　）

11. 微观角度考察货币需求时，财富、物价属于规模变量。　　　　　　　　（　　　）

（六）思考题

1. 货币需求的概念是什么，如何分类？

2. 影响货币需求的因素有哪些？

3. 阐述马克思的货币必要量理论的主要内容。

4. 简述货币数量论的发展过程。

5. 现金交易说和现金余额说的主要思想是什么，有什么区别和联系？

6. 凯恩斯的货币需求理论主要内容有哪些？

7. 弗里德曼的货币需求理论主要思想是什么？

8. 凯恩斯学派后来对凯恩斯的货币需求理论有哪些发展？

第九章　货币供给

一、案例分析

【知识拓展】

不要误读中国的货币供应量

有统计显示，金融危机以来中国货币发行量是全球货币发行量的一半。据此，一些人再次站出来指责中国货币超发，并将中国 GDP 增长归咎于货币投放，极尽危言耸听之表面结论，而完全无视客观条件。

我们必须静下来好好想想，为什么中国的货币供应量会远远高于美国等发达经济体？这个高是正常经济现象还是异常？首先看一下中国货币供应量不断扩张的第一个重要原因：市场化改革。举个例子，某企业已经存续了 10 多年，为了鼓励投资，当年办厂时，政府仅以 10 万元的价格将 20 亩土地卖给了工厂。对土地的 10 万元投资，被计入当年的GDP。10 年后，公司通过增量方式发行股票，这时的 20 亩土地什么都没变，但在市场一端已经体现出 2 亿元的价值。同样的道理，价格改革也会大幅增加货币需求。

再说金融危机过程中，中国要托住下滑的经济，要比发达国家需要更多的货币，这是不同的经济结构决定的。以中美比较为例，美国制止金融危机最核心、最重要的是托住金融机构，而中国确是必须托住制造业。美国金融机构使用的信用杠杆平均 60 倍，就是给金融机构 1 美元，它就可以在市场上创造出 60 美元的流动性。但制造业不行，制造业企业负债率达到 80%，或负债相当于净资本 4 倍（4 倍杠杆）就已经十分危险了。这就是说，中国作为制造业为本的国家，托住经济要与美国达到同样的水平，必须投放的货币量应当是美国的 15 倍。

回到风险问题。准确地说，为了托住急速下滑的中国经济而出现了大规模的货币扩张，这是合理的，但确实也带来巨大的风险，这个风险体现在债务膨胀。所以，我们一直坚持，在国际、国内如此巨大的经济风险面前，股权融资第一，而非债权资本扩张，否则中国经济可能出现危机。不幸的是，我们犯了错误。之所以犯错，就是我们被货币量快速放大吓着了，同时采用简单的紧缩货币方式予以应对。

事实证明，更大的风险在于实体经济变得越发疲弱。所以我们说，学者尤其是政策制定者必须深入研究问题，表面化的理解不仅不能解决问题，反而会把病越治越重。

——摘编自中国证券网相关资料（2018）

思考：如何理解一国货币超经济发行？

二、实训演练

理解货币供给与供给量

实践任务：查询近些年我国货币发行数量，理解货币增加和经济增长之间的关系。

实践目标：掌握货币供给量与经济增长之间的关系。

实训方式：1. 学生分组；

　　　　　　2. 座谈、交流、讨论、总结。

三、课后练习

（一）名词解释

货币供给　基础货币　存款乘数　货币乘数　货币供给内生性　货币供给外生性
货币均衡　货币非均衡

（二）填空题

1. 各国中央银行都以（　　）作为划分货币供给层次的标准。

2. 人们日常使用的货币供给概念一般都是（　　）货币供给。

3. 货币当局可以通过调控基础货币和乘数来间接调控（　　）。

4. 货币当局可以通过公开市场业务增减流通中现金或银行的（　　）。

5. 再贴现率提高意味着商业银行的（　　）也随之提高。

6. 存款准备率提高意味着商业银行的（　　）降低。

7. 再贴现政策主要通过（　　）机制间接地发挥作用。

8. 通货存款比例取决于（　　）的持币行为。

9. 在典型、发达的市场经济的条件下，货币供给的控制机制由两个环节构成：（　　）和（　　）。

10. 国际货币基金组织定义的准货币包括（　　）、（　　）和（　　）。

11. 实际货币供给是指剔除（　　）影响因素的货币存量。

12. 在计划体制下我国货币供给主要控制方式是（　　）。

（三）单项选择题

1. 国际货币基金组织使用的"货币"与"准货币"，两者之和相当于各国通常采用的（　　）。

A. M0　　　　　　　B. M1　　　　　　　C. M2　　　　　　　D. M3

2. 各国划分货币层次的标准是（　　）。

A. 流动性　　　　　B. 安全性　　　　　C. 营利性　　　　　D. 风险程度

3. 作用力度最强的货币政策工具是（　　）。

A. 公开市场业务　　B. 再贴现率　　　　C. 流动性比率　　　D. 存款准备率

4. 可以直接增减流通中现金的货币政策工具是（　　）。

A. 公开市场业务　　B. 再贴现率　　　　C. 流动性比率　　　D. 存款准备率

5. 通过影响商业银行借款成本而发挥作用的货币政策工具是（　　）。

A. 公开市场业务　　　　　　　　　　　B. 再贴现率

C. 流动性比率　　　　　　　　　　　　D. 存款准备率

6. 通过影响商业银行放款能力来发挥作用的货币政策工具是（　　）。

A. 公开市场业务　　　　　　　　　　　B. 再贴现率

C. 流动性比率　　　　　　　　　　　　D. 存款准备率

7. 对于通货，各国的解释一致是指（　　）。

A. 活期存款　　　　B. 支票存款　　　　C. 银行券　　　　　D. 世界货币

8. 一般情况下通货比率与收入的变动成（　　）。

A. 正向　　　　　　B. 反向　　　　　　C. 同比例变化　　　D. 两者无关

9. 我国取消贷款规模管理是在（　　）。

A. 1994 年　　　　 B. 1996 年　　　　 C. 1998 年　　　　 D. 1999 年

10. 个人储蓄存款属于我国现阶段所公布的货币层次的是（　　）。

A. M2　　　　　　　B. M0　　　　　　　C. M1　　　　　　　D. M3

（四）多项选择题

1. 国际货币基金组织采用的货币供给口径包括（　　）。

A. 货币　　　　　　　B. 纸币　　　　　　C. 企业存款

D. 国外存款　　　　　E. 准货币

2. 货币供给的控制机制由（　　）环节构成。

A. 货币供应量　　　　B. 基础货币　　　　C. 利率

D. 货币乘数　　　　　E. 再贴现率

3. 通过公开市场业务可以增加或减少（　　）。

A. 商业银行资本金　　　　　　　　　　B. 商业银行借款成本

C. 商业银行准备金　　　　　　　　　　D. 流通中现金

E. 流通中商业票据

4. 若货币供给为外生变量，则意味着该变量的决定因素可以是（　　）。

A. 消费　　　　　　　　　　　　　　　B. 储蓄

C. 公开市场业务　　　　　　　　　　　D. 再贴现率

E. 投资

5. 若货币供给为内生变量，则意味着该变量的决定因素可以是（　　）。

A. 消费　　　　　　　　　　　　　　　B. 储蓄

C. 公开市场业务　　　　　　　　　　　D. 再贴现率

E. 投资

6. 影响通货存款比率的因素有（　　）。

A. 个人行为　　　　　　B. 企业行为　　　　　C. 中央银行

D. 商业银行　　　　　　E. 政府

7. 影响准备存款比例的因素有（　　）。

A. 个人行为　　　　　　B. 企业行为　　　　　C. 中央银行

D. 商业银行　　　　　　E. 政府

8. 国际货币基金组织的准货币层次包括（　　）。

A. 定期存款　　　　　　B. 活期存款　　　　　C. 支票存款

D. 储蓄存款　　　　　　E. 外币存款

（五）判断题

1. 国际货币基金组织使用的"货币"，其口径相当于使用 M2。（　　）

2. 准货币相当于活期存款、定期存款、储蓄存款和外汇存款之和。（　　）

3. 货币当局可以直接调控货币供给数量。（　　）

4. 中央银行可以通过公开市场业务增加或减少基础货币。（　　）

5. 公开市场业务是通过增减商业银行借款成本来调控基础货币的。（　　）

6. 再贴现政策是通过增减商业银行资本金来调控货币供应量的。（　　）

7. 存款准备率是通过影响商业银行借款成本来调控基础货币的。（　　）

（六）计算题

设某一时点我国流通中现金为 10000 亿元，居民活期储蓄存款 20000 亿元，居民定期储蓄存款 40000 亿元，农村存款 8000 亿元，企业活期存款 9000 亿元，企业定期存款 7000 亿元，机关团体部队存款 6000 亿元，其他存款 4000 亿元。试计算 M1 层次点货币供应量。

（七）思考题

1. 什么是基础货币，基础货币有哪些构成？

2. 简述存款货币的创造过程。

3. 为什么中央银行选择用基础货币来控制货币的供给？

4. 影响中央银行控制基础货币数量的因素有哪些？

5. 影响货币乘数的因素有哪些？

6. 简述凯恩斯的货币供给理论。

第十章　货币政策

一、案例分析

【经济热点】

中国货币政策将如何走向？中国人民银行这个最新报告定调

一季度，人民币升值了多少？贷款利率升了吗？信贷流向实体经济情况如何？未来，货币政策方向是否变化？如何防范化解重大风险等诸多问题，中国人民银行5月11日晚间发布的《2018年第一季度中国货币政策执行报告》给出了答案。

居民储蓄率继续下降？

2018年3月末，人民币各项存款余额比年初增加5.1万亿元，同比多增77亿元。其中，住户存款同比多增3109亿元。同期，人民币定期存款比重提高，住户存款、非银行业金融机构存款分别同比多增3109亿元和1.4万亿元。

贷款利率涨了吗？

受经济稳中向好、信贷需求旺盛等因素影响，金融机构贷款利率稳中略升，执行上浮利率的贷款占比略有上升。其中，房贷利率3月加权平均利率为5.42%，比2017年12月上升0.16个百分点。

人民币升值了多少？

第一季度，美元整体走弱，主要货币对美元多数升值。根据国际清算银行的计算，第一季度，人民币名义有效汇率升值3.54%，实际有效汇率升值3.45%。

人民币国际化有何新进展？

支付货币功能不断增强，据环球银行金融电信协会统计，截至2018年1月末，人民币位列全球第5大支付货币，市场占有率1.66%。储备货币功能逐渐显现，据不完全统计，已有超60个境外央行或货币当局将人民币纳入官方外汇储备。

金融支持实体经济的力度怎样？

金融支持实体经济的力度较为稳固，对实体经济发放的人民币贷款同比多增。第一季度金融机构对实体经济发放的人民币贷款为4.85万亿元，比2017年同期多增3438亿元，占同期社会融资规模增量的86.9%，比上年同期高21.7个百分点。

关注哪些国际经济问题？

保护主义、单边主义和反全球化思潮引发全球贸易摩擦升级，成为影响全球经济增长的重要风险；美联储货币政策不确定性上升，加息节奏存在变数；全球金融市场波动的风险隐患上升；中长期经济增长仍面临较多结构性挑战。

未来货币政策是否转向？

创新和完善金融宏观调控，保持政策的连续性和稳定性，实施好稳健中性的货币政策，注重引导预期，加强政策协同，加快建设现代化经济体系，为供给侧结构性改革和高质量发展营造中性适度的货币金融环境。

如何加强宏观审慎管理？

要进一步加强宏观审慎管理，完善宏观审慎评估，拟于 2019 年第一季度评估时将资产规模 5000 亿元以下金融机构发行的同业存单纳入 MPA 考核。

如何进一步深化利率、汇率改革？

探索利率走廊机制，增强利率调控能力；加强对金融机构非理性定价行为的监督管理，采取有效方式激励约束利率定价行为；加大市场决定汇率的力度，增强人民币汇率双向浮动弹性，保持人民币汇率在合理均衡水平上的基本稳定。

接下来怎么防范化解重大金融风险？

加强部门间协调配合，明确时间表、路线图、优先序，集中力量，优先处理可能影响经济社会稳定和引发系统性风险的问题。抓紧补齐监管制度短板，有效控制宏观杠杆率和重点领域风险，积极化解影子银行风险，等等。

——摘自《2018 年第一季度中国货币政策执行报告》

思考： 在以上新闻中，你看到了中国人民银行的哪些政策措施？主要解决哪些经济问题？

【拓展阅读】

我国货币政策最终目标的演变

以 1984 年中国人民银行专门行使中央银行职能从而建立起正式的中央银行体制为标志，我国真正意义上的货币政策开始实践。在总体上，我国货币政策最终目标的选择可以 1995 年作为分界线（在改革开放以前，我国以实现国民经济计划为目标，一切以经济增长为中心）。

第一阶段

我国 1995 年以前是双目标即经济发展和币值稳定，这种选择也是当时的经济发展水平所决定的。在中共十二大提出"翻两番"战略目标的激励下，我国经济从 1982 年开始进入了高速增长时期。经过连续两年多的扩张，至 1984 年第四季度，经济已显现了明显的过热势头：为满足高速经济增长中的投资和消费需求，财政收支出现较大赤字，而弥补赤字的货币超量发行，使得通货膨胀率直线上升，致使 1984 年 10 月中旬发生了改革开放以来的第一次"抢购风潮"。面对严峻的宏观经济形势，中国人民银行开始实施以平衡信贷、降低通货膨胀率为主要目标的货币政策。应该说，这次货币政策实践是我国在宏观经济管理方式上由直接的行政和计划干预向运用宏观经济政策进行间接调控过渡的第一次重大尝试和标志。不过,由于当时经济的市场化程度不高,货币政策工具也不完善,因而政策的效果并不理想。而且,这种情况反复出现,我国 1985 年、1988 年、1992 年出现的三次经济过热和通货膨胀都是由投资过度引发的。1993 年和 1994 年我国的零售物价上涨均超过两位数,分别为 13.2% 和 21.7%,引发了经济、金融界的人士对我国货币政策目标的思考。

第二阶段

1995 年《中国人民银行法》则明确地将货币政策的目标界定为保持人民币币值稳定并以此促进经济增长。在某种意义上可以说,《中国人民银行法》以法律形式基本上结束了有关我国货币政策目标的争论,中国人民银行的货币政策目标已经完成了由双重目标向单一目标的转变。

1997 年 7 月爆发的亚洲金融危机与国内买方市场的接踵而来,使我国的总需求首次出现严重不足。1997 年 10 月和 1998 年 5 月,我国的零售物价与消费物价相继出现负增长,治理通货紧缩成为各项宏观经济政策最迫切的任务。这一时期,货币政策的首要目标实际上已经由币值稳定转变为促进经济增长。从 1997 年下半年以来,中国人民银行相继采取了一系列扩张性的货币政策措施,如适当增加货币供给量,多次降息并扩大贷款利率浮动范围和幅度,两次下调存款准备金率、改革存款准备金制度等,以刺激国内需求,拉动经济增长。然而,在其后的两三年中,货币政策效果似乎并不明显,居民储蓄存款仍然保持较快的增长率,投资需求和消费需求未能被有效激活。我国货币政策的有效性受到重创。

2003 年,以币值稳定为首要,兼顾充分就业的其他目标。自 2003 年以来,面对经济运行中出现的信贷、投资、外汇储备快速增长等新变化,1998 年以来名义上实施的稳健货币政策内涵开始发生变化,国家开始适当紧缩银根,多次上调存款准备金和利率。2007 年二季度,货币政策改为"适度从紧的货币政策"。2007 年内,中国人民银行 10 次上调准备金率,5 次提高利率,6 次发行定向央行票据,20 年未动用过的特种存款也被再次使用。2008 年实施"从紧"的货币政策,但货币政策的实施效果与调控目标尚有较大差距,这集中体现在两个方面:一是经济增速仍处高位,而且多年的"高增长、低通胀"的格局也被打破。我国 2007 年全年物价控制目标是 3%,但是从 3 月开始这一警戒线就被突破,8 月、10 月居民消费价格指数均达到 6.5%,11 月更是高达 6.9%,创下 10 年新高,年居民消费价格指数达到了 4.8%。二是 2007 年年初制定的货币供应量增长目标被突破。至 2007 年 9 月末,广义货币供应量 M2 余额 39.3 万亿元,同比增长 18.5%,增速比 2006 年同期高 1.7 个百分点;人民币贷款余额 25.9 万亿元,同比增长 17.1%,增速比 2006 年同期高 1.9 个百分点,比年初增加 3.36 万亿元,同比多增 6073 亿元;2007 年 1~9 月金融机构人民币各项贷款增加 3.36 万亿元,同比多增 6073 亿元,已经超过了上年 3.18 万亿元的新增贷款纪录。

2011~2012 年主要是稳健的货币政策、积极的财政政策和稳健的货币政策,在执行上都有相当充裕的调整空间,在经济未明显发生严重过热的情况下,积极的财政政策将是长期的,而只要经济未处于明显过热或严重衰退,货币政策就可以一直保持稳健。第一,不能把稳定币值与经济增长放在等同的位置上,从主次看,稳定币值始终是主要的,从顺序来看，稳定货币为先，中国人民银行应该以保持币值稳定来促进经济增长。第二，即使在短期内兼顾经济增长的要求，仍必须坚持稳定货币的基本立足点。

——编者根据相关资料整理

思考： 货币政策目标的变迁如何反映我国经济体系的变化历程？

【知识链接】

降息与降准的区别

降准，意在通过释放更多的资金供给，调节供需间的平衡，从而降低利率，最终促使资金需求的上升，而这些资金需求，使用的增长，相继促进经济的发展。

中央银行降准是为了释放银行业的流动性，让市场上的钱多一些，降息是降低银行的贷款利率，没有增加市场资金量，但可以改变资金的投向。其主要是为了鼓励企业的投资行为，但不一定代表货币流通量就会因此增加。降息主要有两个作用：一是通过降低中央银行存款回报，让钱进入银行之外的市场，提高交易活跃度；二是可以降低贷款的成本，提高产品的竞争力。

降准有利于商业银行，银行可以通过两种方式受益：

第一，银行可以释放这笔资金，把资金用于投资收益率较高的资产，如贷款或债券，获得贷款收益，增加银行净利润。

第二，通过降准与货币乘数，降低资金成本，提高银行盈利。

降准对股市、楼市、银行均是好消息，但是，从资金流动性特点分析，资金会首先涌入金融银行，冲进股市，资金流动性特点决定了最后才可能会到达实体经济，对于银行，降准最大利好在于可贷款规模。

中央银行降准是为了释放银行业的流动性，让市场上的钱多一些。降息是降低银行的贷款利率，没有增加市场资金量，但可以改变资金的投向。其主要是为了鼓励企业的投资行为。降息就是银行利率调整，银行降息时，储户把资金存入银行的收益减少，降息会促储户把资金从银行取出消费，存款变为投资或消费。

降息分为两种：一是降低存款利率；二是降低贷款利率。利率也分为短期利率和长期利率，一般来说是指短期利率。

降低银行贷款利率，主要是鼓励企业投资，也有利于个人按揭贷款，比如每月按揭贷款利率降低了，还款人每月还款数量相应减少了，减轻贷款人还款压力。

所以简单来讲，降准是投放流通货币，降息是鼓励投资。

降息对资本市场影响是积极的。降息会给股票市场带来更多资金，有利于股价上涨。降息推动企业追加投资扩大生产，降息减少企业财务费用，促使个人贷款者按揭贷款，鼓励消费者。

——编者根据相关资料整理

思考： 降息和降准对市场变量的影响有什么不同？

二、实训演练

货币政策工具的运用

实践任务：了解中央银行货币政策，查询中央银行成立以来的存款准备金和贴现率的调整，比对相关的经济增长数据。

实践目标：掌握中央银行的三大货币政策，理解政策的运用和效果。

实训方式：1. 学生分组；

　　　　　　2. 座谈、交流、讨论、总结。

三、课后练习

（一）名词解释

货币政策　货币政策目标　货币政策操作指标　货币政策中介指标　一般性货币政策工具　存款准备金政策　再贴现政策　公开市场业务　选择性货币政策　不动产信用控制　消费信用控制　直接信用指导　间接信用控制　证券市场信用控制　货币政策时滞　内部时滞　外部时滞　货币政策传导机制　政策搭配　"相机抉择"原则

（二）填空题

1. 各国货币政策可选择的最终目标包括经济增长、充分就业、稳定物价和（　　）。

2. 菲利普斯曲线表明在失业率和（　　）之间存在着此消彼长的关系。

3. 法定存款准备率的政策效果最为猛烈，原因在于法定准备率可以影响（　　），从而引起货币供应的巨大波动。

4. 一般而言，再贴现政策可以通过影响商业银行的资金成本和（　　）来影响商业银行的融资决策。

5. 一般而言，再贴现政策可以通过影响商业银行的（　　）和超额准备来影响商业银行的融资决策。

6. 当国际收支出现赤字，中央银行为抑制进口的过快增长，可以启动（　　）的货币政策工具。

7. 中央银行为限制商业银行信用扩张，可以直接规定商业银行的流动性比率，流动性比率是指（　　）的比重。

8. 在凯恩斯学派的货币政策传导机制理论中，货币政策主要是通过（　　）来发挥作用。

9. 货币学派认为，利率在货币传导机制中不起重要作用，而更强调（　　）在传导过程中的作用。

10. 货币政策中介指标的选取标准主要包括（　　）、可测性、相关性、抗干扰性、适应性。

11. 根据货币政策中介指标的选取标准，可以作为中介指标的金融变量主要有（　　　）、货币供应量、超额准备金和基础货币等。

12. 货币政策的时滞（　　　），货币政策效果越难以确定。

13. 保持货币供应按"规则"增长是（　　　）的货币政策主张。

14. 实施"逆风向"相机抉择的调节是（　　　）的货币政策主张。

（三）单项选择题

1. 实施"逆风向"相机抉择的调节是（　　　）的货币政策主张。

A. 货币学派　　　　　　　　　　　　　B. 供给学派

C. 凯恩斯学派　　　　　　　　　　　　D. 合理预期学派

2. 我国从（　　　）开始将存款准备金制度作为货币政策的工具之一。

A. 1984 年　　　　B. 1985 年　　　　C. 1983 年　　　　D. 1986 年

3. 作为货币政策中介指标，利率指标的缺陷是（　　　）。

A. 可控性弱　　　　B. 可测性弱　　　　C. 相关性弱　　　　D. 抗干扰性弱

4. 超额准备金作为货币政策中介指标的缺陷是（　　　）。

A. 适应性弱　　　　B. 可测性弱　　　　C. 相关性弱　　　　D. 抗干扰性弱

5. 货币政策的外部时滞主要受（　　　）的影响。

A. 货币当局对经济发展的预见力

B. 货币当局制定政策的效率

C. 宏观经济和金融条件

D. 货币当局对政策的调整力度

6. 保持货币供给按规则增长是（　　　）的政策主张。

A. 货币学派　　　　　　　　　　　　　B. 凯恩斯学派

C. 供给学派　　　　　　　　　　　　　D. 合理预期学派

7. 货币学派认为（　　　）在货币政策传导机制中起主要作用。

A. 货币供应量　　　B. 基础货币　　　　C. 利率　　　　　　D. 超额准备

8. 凯恩斯学派认为（　　　）在货币政策传导机制中起主要作用。

A. 货币供应量　　　B. 基础货币　　　　C. 利率　　　　　　D. 超额准备

9. 法定准备率政策可以通过影响商业银行的（　　　）而发挥作用。

A. 资金成本　　　　B. 超额准备　　　　C. 贷款利率　　　　D. 存款利率

10. 公开市场业务可以通过影响商业银行的（　　　）而发挥作用。

A. 资金成本　　　　B. 超额准备　　　　C. 贷款利率　　　　D. 存款利率

（四）多项选择题

1. 从货币政策的角度来看，主张实行稳定的货币政策是（　　　）的共同特点。

A. 货币学派　　　　　　　　　　　　　B. 凯恩斯学派

C. 供给学派　　　　　　　　　　　　　D. 合理预期学派

E. 瑞典学派

2. 公开市场业务的特点有（　　）。

A. 中央银行具有主动性　　　　　　　　B. 可以对货币供应量进行微调

C. 中央银行处于被动地位　　　　　　　D. 有利于进行经常性、连续性操作

E. 政策效果比较猛烈　　　　　　　　　F. 需要有一个发达的金融市场

3. 法定准备金政策的特点有（　　）。

A. 中央银行具有主动性　　　　　　　　B. 可以对货币供应量进行微调

C. 中央银行处于被动地位　　　　　　　D. 有利于进行经常性、连续性操作

E. 政策效果比较猛烈　　　　　　　　　F. 需要有一个发达的金融市场

4. 再贴现政策的特点有（　　）。

A. 中央银行具有主动性　　　　　　　　B. 可以对货币供应量进行微调

C. 中央银行处于被动地位　　　　　　　D. 有利于进行经常性、连续性操作

E. 具有告示效应，影响短期利率的变动　　F. 需要有一个发达的货币市场

5. 利率作为货币政策中介指标具有（　　）特点。

A. 可控性强　　　　　　　　　　　　　B. 可测性强

C. 抗干扰性强　　　　　　　　　　　　D. 抗干扰性弱

E. 可控性弱　　　　　　　　　　　　　F. 可测性弱

6. 货币供应量作为货币政策中介指标具有（　　）特点。

A. 可控性强　　　　　　　　　　　　　B. 可测性强

C. 抗干扰性强　　　　　　　　　　　　D. 抗干扰性弱

E. 可控性弱　　　　　　　　　　　　　F. 可测性弱

7. 目前我国中央银行在公开市场通过买卖（　　）进行公开市场操作。

A. 国债　　　　　　　　　　　　　　　B. 外汇

C. 股票　　　　　　　　　　　　　　　D. 政策性金融债券

E. 企业债券　　　　　　　　　　　　　F. 基金券

8. 中央银行对某些特殊领域的信用进行调节时通常采用（　　）措施。

A. 消费者信用控制　　　　　　　　　　B. 信用配额

C. 不动产信用控制　　　　　　　　　　D. 优惠利率

E. 证券市场信用控制　　　　　　　　　F. 窗口指导

9. 中央银行对金融机构的信用进行直接控制时通常采用（　　）手段。

A. 信用配额　　　　　　　　　　　　　B. 规定商业银行的流动性比率

C. 直接干预　　　　　　　　　　　　　D. 规定存贷款利率高限

E. 优惠利率　　　　　　　　　　　　　F. 窗口指导

10. 中央银行掌握的能够对整个经济发挥作用的货币政策工具有（　　）。

A. 公开市场业务　　　　　　　　　　　B. 法定准备金政策

C. 信用配额　　　　　　　　　　　　　D. 直接干预

E. 优惠利率　　　　　　　　　　　　　F. 再贴现政策

（五）判断题

1. 一般而言，存款的期限越短，规定的法定准备率就越高。　　　（　　　）
2. 一般而言，定期存款的准备率大多高于活期存款的准备率。　　（　　　）
3. 在一般性货币政策工具中，中央银行实施再贴现政策时具有较强的主动性。（　　　）
4. 在一般性货币政策工具中，中央银行实施公开市场业务时具有较强的主动性。（　　　）
5. 在一般性货币政策工具中，中央银行实施法定准备金政策时具有较强的主动性。

　　　　　　　　　　　　　　　　　　　　　　　　　　　　（　　　）
6. 运用公开市场业务有利于中央银行进行经常性、连续性的货币政策操作。（　　　）
7. 运用再贴现政策有利于中央银行进行经常性、连续性的货币政策操作。（　　　）
8. 运用法定准备金政策有利于中央银行进行经常性、连续性的货币政策操作。（　　　）
9. 中央银行可以运用法定准备金政策对货币供应量进行微调。　（　　　）
10. 一般而言，运用货币政策比运用财政政策更有利于实现扩张的目标。（　　　）
11. 在经济过热的情况下，运用货币政策比运用财政政策更能有效地实现紧缩的目标。

　　　　　　　　　　　　　　　　　　　　　　　　　　　　（　　　）
12. 货币政策时滞越短，越有利于实现货币政策目标。　　　　（　　　）
13. 一般而言，中央银行对基础货币的控制能力弱于对货币供应量的控制。（　　　）
14. 一般而言，中央银行对利率的控制能力强于对超额准备的控制。（　　　）

（六）思考题

1. 为什么货币政策在治理通货膨胀方面所显示的作用强？而在治理通货紧缩方面所显示的作用极为有限？试联系我国近年货币政策实践谈谈对这个问题的看法。

2. 西方国家货币政策的最终目标有哪几个？中央银行在同一时间实行同一种货币政策能否同时达到这些目标？为什么？

3. 联系实际，谈谈对我国货币政策目标的认识。

4. 什么是货币政策的操作指标和中介指标？选定这些指标有何标准？

5. 中央银行的一般性货币政策工具有哪几种？它们分别是怎样调控货币供给量的？其各自的优缺点分别是什么？

6. 在货币政策传导机制问题上，凯恩斯学派与货币学派分别有怎样的解释？

7. 什么是货币政策时滞？

8. 为什么货币政策与财政政策要配合？其如何配合？

9. 你对我国货币政策的操作指标和中介指标有何了解？

10. 我国和发达国家的货币政策传导机制有何异同？

11. 货币政策与财政政策应如何进行协调配合？

12. 查一查相关资料，对近 5 年我国货币政策的实施效果作出评价。

13. 试对美国数轮量化宽松的货币政策及其内外影响进行分析。

第十一章　通货膨胀与通货紧缩

一、案例分析

【经典案例】

1929～1933 年美国经济大萧条

1929～1933 年美国出现了大萧条。其主要表现：一是产量和物价大幅度下降。1929年中期，美国一些主要产品的产量开始下降。到同年秋季，局势已非常明显，无论是制造业，还是建设业，都在大幅度减少。从 1929～1934 年，美国 GDP 是呈下降趋势的，从 1929 年的 3147 亿美元下降到 1934 年的 2394 亿美元，5 年下降了 24%。而消费价格指数在萧条期间也一直呈下降趋势，1933 年的 GPI 与 1929 年相比下降了 24.6%。二是股市暴跌。在 1929 年 9 月至 1932 年 6 月，股市暴跌 85%。因此，人们几乎把大萧条与股市崩溃当作一回事。而实际上，在股市崩溃之前，经济下降始于 1929 年 8 月，并且持续到 1933 年。股市崩溃只是大萧条的一个重要表现。随后，证券市场终于走向下跌。经过 9 月份逐步下跌和 10 月初局部上升之后，到 10 月末，证券市场陷入了混乱。10 月 24 日，即著名的"黑色星期四"那天，证券交易额达 1300 万股，证券市场一天之内蒙受的损失开创了历史最高纪录。三是奇高的失业率。大萧条带来大量失业。1929～1933 年，GNP 下降近于 30%，失业率从 3% 升至 25%。从 1931～1940 年的 10 年间，失业率平均为 18.8%，其范围从 1937 年底的 14.3% 到 1933 年的 24%。现在国际上通常将 12% 的失业率作为临界线，因而大萧条时期持续 10 年之久接近 20% 的失业率确实称得上奇高的失业率。

——摘自《宏观政策调整与坚持市场取向》，北京大学出版社（1999）

思考： 美国经济大萧条的背景是什么？恢复经济的措施有哪些？

二、实训演练

理解通货膨胀

实训任务： 了解中华人民共和国成立以来我国发生的主要通胀，分析产生原因并找出解决措施。

实训目标：掌握通货膨胀的相关理论知识，理解中央银行政策的运用和效果。

实训方式：1. 学生分组统计数据；

2. 座谈、交流、讨论、总结。

三、课后练习

（一）名词解释

通货膨胀　通货紧缩　菲利普斯曲线　隐蔽型通货膨胀　结构型通货膨胀

消费物价指数　批发物价指数　国民生产总值平减指数

（二）填空题

1. 通货膨胀与经济成长到底是怎样的一种关系，从观点上大体分为（　　）、（　　）和中性论。

2. 治理通货膨胀运用最多的手段是（　　）。

3. 采取所谓供给政策治理通货膨胀的主要措施是（　　）。

4. 收入指数化的范围涉及（　　）、（　　）和其他货币性收入。

5. 治理需求拉上型通货膨胀，（　　）是关键。

6. 在西方经济学文献中认为通货膨胀是（　　）的一种表现。

7. 据市场机制作用的标准，通货膨胀可划分为（　　）和（　　）。

8. 据价格上涨速度的标准，通货膨胀可划分为（　　）、（　　）和恶性通货膨胀。

9. （　　）是由北欧学派提出的以实行开放经济的小国为背景。

10. 据通货膨胀的预期，通货膨胀可分为（　　）和（　　）。

11. 西方经济学教科书将通货膨胀定义为（　　）。

12. 隐蔽性通货膨胀是指货币工资水平（　　）而实际消费水准却（　　）的现象。

13. 如果年物价上涨率达到两位数，则认为发生了（　　）。

14. 在度量通货膨胀的众多指标中，多数国家通常采用的是（　　）。

15. GDP 冲减指数度量通货膨胀时的优点在于（　　）。

16. 在西方经济学中，将工资提高引起物价上涨，价格上涨又引起工资提高的现象称为（　　）。

17. 混合推动说认为，只有（　　）加上（　　）才可能产生一个持续性的通货膨胀。

18. 中国的结构说认为（　　）是中国结构性通货膨胀的主要促成因素。

19. 一般而言，通货膨胀时期对于债务关系中的债务人（　　）而对债权人（　　）。

（三）单项选择题

1. 一般而言，物价水平年平均上涨率不超过 3% 的是（　　）。

A. 爬行通货膨胀　　　　　　　　　B. 温和通货膨胀

C. 恶性通货膨胀　　　　　　　　　D. 奔腾式通货膨胀

2. 下列哪种通货膨胀理论被用来解释"滞胀"（　　　）。

A. 需求拉上说　　　　B. 成本推动说　　　　C. 结构说　　　　D. 混合说

3. 通货膨胀时期从利息和租金取得收入的人将（　　　）。

A. 增加收益　　　　　　　　　　　　B. 损失严重

B. 不受影响　　　　　　　　　　　　D. 短期损失长期收益更大

4. 当存在物品和服务销售的完全竞争市场时，不可能产生的是（　　　）。

A. 需求拉上的通货膨胀　　　　　　　B. 结构性通货膨胀

C. 工资推进的通货膨胀　　　　　　　D. 利润推进的通货膨胀

5. 成本推动说解释通货膨胀时的前提是（　　　）。

A. 总需求给定　　　　　　　　　　　B. 总供给给定

C. 货币需求给定　　　　　　　　　　D. 货币供给给定

6. 需求拉上说解释通货膨胀时的前提是（　　　）。

A. 总需求给定　　　　　　　　　　　B. 总供给给定

C. 货币需求给定　　　　　　　　　　D. 货币供给给定

7. 能够反映各种商品价格对价格总水平的影响的通货膨胀度量指标是（　　　）。

A. 消费物价指数　　　　　　　　　　B. 批发物价指数

C. 生活费用指数　　　　　　　　　　D. 国内生产总值平减指数

8. 认为由物价上涨造成的收入再分配是通货膨胀的（　　　）。

A. 强制储蓄效应　　　　　　　　　　B. 收入分配效应

C. 资产结构调整效应　　　　　　　　D. 财富分配效应

9. 一个人有存款1000元，负债3000元和货币值随物价变动的资产1200元，当通货膨胀率为100%时，其总名义资产的净值为（　　　）。

A. －800元　　　　B. －400元　　　　C. 200元　　　　D. 400元

10. 一个人有存款1000元，负债3000元和货币值随物价变动的资产1200元，当通货膨胀率为100%时，其总实际资产的净值为（　　　）。

A. －800元　　　　B. －400元　　　　C. 200元　　　　D. 400元

11. 最严重的恶性通货膨胀的最终结果是（　　　）。

A. 突发性的商品抢购　　　　　　　　B. 挤兑银行

C. 货币制度崩溃　　　　　　　　　　D. 投机盛行

12. 所谓"供给政策"治理通货膨胀的主要措施是（　　　）。

A. 减税　　　　B. 指数化方案　　　　C. 冻结工资　　　　D. 管制物价

13. 能反映出直接与公众的生活相联系的通货膨胀指标是（　　　）。

A. 消费物价指数　　　　　　　　　　B. 批发物价指数

C. GDP冲减指数　　　　　　　　　　D. 通货膨胀扣除率

14. 以不完全竞争的劳动市场为前提的通货膨胀是（　　　）。

A. 需求拉上的通货膨胀　　　　　　　B. 结构性通货膨胀

C. 利润推进的通货膨胀　　　　　　　D. 工资推进的通货膨胀

15. 许多国家在抑制或治理通货膨胀时运用最多的手段是（ ）。

A. 宏观紧缩政策　　　　　　　　　　B. 供给政策

C. 指数化方案　　　　　　　　　　　D. 发展生产

（四）多项选择题

1. 有关通货膨胀描述正确的有（ ）。

A. 在纸币流通条件下的经济现象　　　B. 货币流通量超过货币必要量

C. 物价普遍上涨　　　　　　　　　　D. 货币贬值

E. 生产过剩

2. 度量通货膨胀的程度，主要采取的标准有（ ）。

A. 消费物价指数　　　　　　　　　　B. 批发物价指数

C. 生活费用指数　　　　　　　　　　D. 零售商品物价指数

E. 国内生产总值平减指数

3. 由供给因素变动形成的通货膨胀可以归结为两个原因（ ）。

A. 工资推进　　　　B. 价格推进　　　　C. 利润推进

D. 结构调整　　　　E. 生产效率

4. 治理通货膨胀的可采取紧缩的货币政策，主要手段包括（ ）。

A. 通过公开市场购买政府债券　　　　B. 提高再贴现率

C. 通过公开市场出售政府债券　　　　D. 提高法定准备金率

E. 降低再贴现率　　　　　　　　　　F. 降低法定准备金率

5. 据形成原因可将通货膨胀分为（ ）。

A. 需求拉上型通货膨胀　　　　　　　B. 抑制型通货膨胀

C. 成本推动型通货膨胀　　　　　　　D. 结构型通货膨胀

E. 供求混合推进型通货膨胀　　　　　F. 体制型通货膨胀

6. 定义通货膨胀须注意（ ）。

A. 把商品和服务的价格作为考察的对象　　B. 关注商品、服务与货币的关系

C. 强调某些代表性商品服务的价格　　D. 强调持续上涨

E. 物价上涨具有不可逆性

7. 隐蔽型通货膨胀的形成条件包括（ ）。

A. 市场价格发挥调节作用　　　　　　B. 严格的价格管制

C. 单一的行政管理体制　　　　　　　D. 过度的需求压力

E. 价格双轨制

8. 中国改革以来对通货膨胀形成原因的探讨中提出的观点有（ ）。

A. 需求拉上说　　　　　　　　　　　B. 成本推动说

C. 结构说　　　　　　　　　　　　　D. 体制说

E. 摩擦说　　　　　　　　　　　　　F. 混合类型说

9. 通货膨胀的各种效应包括（ ）。

A. 产出效应　　　　　　　　　　　　B. 强制储蓄效应

C. 收入分配效应　　　　　　　　　　　D. 资产结构调整效应

E. 引发经济危机

10. 治理通货膨胀的对策包括（　　　）。

A. 宏观扩张政策　　　　　　　　　　　B. 宏观紧缩政策

C. 增加有效供给　　　　　　　　　　　D. 增加收入政策

E. 放松物价管制　　　　　　　　　　　F. 指数化方案

11. 认为我国通货膨胀是由总需求膨胀引起的对策主张包括（　　　）。

A. 紧缩信贷　　　　　　　　　　　　　B. 控制收入

C. 限制价格　　　　　　　　　　　　　D. 压缩基建规模

E. 调整投资结构

（五）判断题

1. 使用 GDP 平减指数衡量通货膨胀的优点在于其能度量各种商品价格变动对价格总水平的影响。　　　　　　　　　　　　　　　　　　　　　　　　　　　（　　　）

2. 需求拉上说解释通货膨胀时是以总供给给定为前提的。　　　　　　　（　　　）

3. 工资—价格螺旋上涨引发的通货膨胀是需求拉上型通货膨胀。　　　　（　　　）

4. 所谓通货膨胀促进论是指通货膨胀具有正的产出效应。　　　　　　　（　　　）

5. 一般说来通货膨胀有利于债权人而不利于债务人。　　　　　　　　　（　　　）

6. 瑞典学派认为指数化方案对面临世界接性通货膨胀的大国更有积极意义。（　　　）

7. 通货膨胀得以实现的前提是现代货币供给的形成机制。　　　　　　　（　　　）

8. 通货紧缩是反通货膨胀的手段和措施。　　　　　　　　　　　　　　（　　　）

9. 经济学的稳定目标中应包含不要陷入通货紧缩的要求。　　　　　　　（　　　）

10. 20 世纪 80 年代我国出现的通货膨胀应是经济改革的必然结果。　　（　　　）

（六）思考题

1. 为什么第二次世界大战以后，反通货膨胀一直是世界各国的重要施政目标，有时甚至是首要施政目标？

2. 在世界各国反通货膨胀的实践中，是否可能出现或实际提出零通货膨胀的目标？

3. 在发达的市场经济国家，有否可能出现无通货膨胀的经济成长？

4. 已有的理论，大多认定通货紧缩对经济成长极为不利，但 1998～2002 年的中国实际却是通货紧缩与高经济成长相结合，是怎样的经济条件造成了这种结合？

5. 通货膨胀的成因有哪些？

6. 通货膨胀的效应有哪些？

7. 治理通货膨胀有哪些对策？

8. 学者们对通货膨胀与经济发展之间的关系有几种主要看法？你支持哪种理论？为什么？

9. 作为人口大国，我国面临着较大的就业压力。因此有人提出，牺牲一定程度的物价稳定来缓解就业压力是值得的。你对这一观点有何评论？

10. 查阅相关资料，提出你对 2000 年以来中国货币供求状况的看法。你认为我们今后面临的主要是通货膨胀压力还是通货紧缩的问题？相关的治理政策是否适宜？

　　11. 分析通货紧缩有何影响。为什么物价下跌会有利于经济增长？

　　12. 通货紧缩的成因有哪些？治理通货紧缩一般有哪些手段？

金融发展篇

第十二章　互联网金融

一、案例分析

【知识拓展】

众筹平台简介

天使汇（Angel Crunch），成立于2011年11月，是国内首家发布天使投资人众筹规则的平台，中国最大的中小企业众筹融资平台。天使汇旨在发挥互联网高效、透明的优势，实现创业者和天使投资人的快速对接。截至2014年12月底，天使汇已为近300个创业项目完成融资，融资总额超过10亿元人民币。平台上注册的创业者超过8万名，登记创业项目近3万个，认证投资人有2000多名，全国各地合作孵化器超过200家。在天使汇平台注册的创业项目主要集中在互联网及移动互联网领域，涵盖社交网络、企业服务、游戏、电商、O2O、教育、健康等门类。平台上已获得融资的项目融资额度多集中在100万~500万元人民币。天使汇是国内领先的股权众筹平台，致力于帮助有前景的项目找到可靠的资金。

项目数据分析：天使汇的数据显示，截至2014年9月中旬，平台已有超过16090个创业项目入驻，2100多位认证投资人，230多个项目，共计完成10亿元以上人民币的融资，成功的项目包括众多知名公司，如滴滴打车、黄太吉、面包旅行、大姨妈等。其中，2013年创建的项目为6456个，审核通过的项目1097个，获融资65个；2014年至今创建项目8410个，审核通过项目2607个，获融资项目77个（其中天使轮获投项目50个）。来自天使汇的数据显示，2014年1~9月中旬，天使汇平台挂牌项目总融资达到7.69亿元，以天使轮项目为例，50起天使轮项目融资总金额超过10887万元，单个项目平均融资金额为222.18万元，一半多项目融资金额集中在300万~500万元区间。其中，100万~300万（不含）元的获投项目数为17个，占到总体的35%，100万元以下的获投项目为7个，占到总体的14%，300万~500万元的获投项目为25个，占到总体的51%。天使轮获投项目所属领域分布上，天使汇的投资领域重点集中在本地生活服务类、移动/SNS社交类和金融服务类，分别为12个、9个和5个，占到总体的52%。而投资教育培训类、媒体、娱乐类，分别为4个和5个，占到总体的18%。这说明2C端的离消费者/用户更近的初创项目，普遍能更容易得到投资人的青睐。

——编者根据相关资料整理

思考：如何理解众筹？你用过吗？

二、实训演练

理解互联网金融

实训任务： 了解当前互联网金融业态的主要形式，以及存在风险。

实训目标： 掌握互联网金融的基本理论，理解强化互联网金融监管的背景。

实训方式： 1. 学生分组统计数据；

　　　　　　2. 座谈、交流、讨论、总结。

三、课后练习

（一）名词解释

互联网金融　互联网银行　P2P　众筹　股权众筹　第三方支付　移动支付　大数据　大数据金融

（二）单项选择题

1. 狭义的网络金融不包括（　　　）。

A. 网上银行　　　　　　　　　　　　B. 网上证券

C. 网上支付　　　　　　　　　　　　D. 金融信息服务业

2. 美国富国银行网上房屋贷款批复业务只需 50 秒；而美国第一银行更宣称，而网上贷款业务 25 秒即可办妥，这说明网络金融具有（　　　）的特征。

A. 高效性和经济性　　　　　　　　　B. 科技性与共享性

C. 信息化与虚拟化　　　　　　　　　D. 一体化

3. 下列各项中，不能算作电子货币的特征的是（　　　）。

A. 形式多样　　　　　　　　　　　　B. 技术精密，防伪性能好

C. 自动化处理　　　　　　　　　　　D. 重要的保值工具

4. 网络招聘，网络旅游，网络金融，网上支付等网络经济活动可以归结为（　　　）。

A. 网络互动　　　　　　　　　　　　B. 网络服务

C. 信息发布的平台　　　　　　　　　D. 互联网通信

5. 为个人服务的网络经济成功的重要条件是（　　　）。

A. 具有弹性　　　　　　　　　　　　B. 具有高点击率

C. 具有黏性　　　　　　　　　　　　D. 具有经济性

6. 网络经济的特征不包括（　　　）。

A. 虚拟化、成本低　　　　　　　　　B. 竞争激烈，合作很难

C. 全天候、全球化　　　　　　　　　　D. 强大的创新性

7. 企业与政府之间的电子商务的英文简写是（　　）。

A. B2B　　　　　　B. B2C　　　　　　C. C2C　　　　　　D. B2A

8. 下列网站中，属于 C2C 网站的是（　　）。

A. 易趣网　　　　　B. 中关村在线　　　C. 天涯论坛　　　　D. 阿里巴巴网

9. 关于网络银行的优势，下列说法中不正确的是（　　）。

A. 能有效控制经营成本　　　　　　　　B. 拥有更广泛的客户群体

C. 观念更新的金融竞争策略　　　　　　D. 拥有更安全的支付手段

10. 下列各项中，不属于网络保险的业务内容是（　　）。

A. 得到报价　　　　B. 产品信息　　　　C. 网上委托　　　　D. 网上理赔

11. 下列各项中，不属于网上银行的建立模式的是（　　）。

A. 合作式银行　　　　　　　　　　　　B. 直接银行

C. 独立的经营网上业务的机构　　　　　D. 传统银行的网上分支机构

12. 在大额支付的简单加密信用卡网上支付系统中，实际当事人不包括（　　）。

A. 买家银行　　　　　　　　　　　　　B. 买家和卖家

C. 第三方　　　　　　　　　　　　　　D. 发卡行和卖家银行

13. 下列各项中，不属于数字认证技术的是（　　）。

A. 数字签名　　　　　　　　　　　　　B. SET 协议

C. 数字信封　　　　　　　　　　　　　D. 数字时间邮戳

14. 网络金融的业务风险主要来自操作风险、市场信息风险、信誉风险和（　　）。

A. 支付风险　　　　　　　　　　　　　B. 信用风险

C. 网络硬件和软件风险　　　　　　　　D. 法律风险

15. 目前网络证券交易的方式主要有通过 IT 公司的网站提供服务方式、券商自建网站提供服务方式以及（　　）提供服务的方式三种。

A. 券商和期货经纪公司联合建设网站　　B. 券商与银行合作提供服务方式

C. 自助模式　　　　　　　　　　　　　D. 券商和证券交易所联合建设网站

16. 银证合作为银行和证券业之间建立了桥梁，下列关于其意义的说法中，不正确的是（　　）。

A. 为投资者进行证券交易提供了方便　　B. 银证双方优势互补、利益共享

C. 增加银行合作中间业务收入　　　　　D. 使银行业务和证券业务合并

17. 企业与企业之间的电子商务叫作（　　）电子商务。

A. E2E　　　　　　B. B2B　　　　　　C. C2C　　　　　　D. F2F

（三）多项选择题

1. 电子商务的支付方式有（　　）。

A. 网络银行线上支付　　　　　　　　　B. 银行汇款

C. 信用卡转账　　　　　　　　　　　　D. 货到付款

E. 第三方网上支付平台

2. 下列各项中，属于网络银行功能的有（　　　）。

A. 信息发布功能　　　　　　　　　　B. 客户的咨询和投诉功能

C. 账户查询　　　　　　　　　　　　D. 申请和挂失

E. 创新业务的功能

3. 一般来说，在大额支付的简单加密信用卡网上支付系统中，实际当事人有（　　　）。

A. 买家银行　　　　　　B. 买家　　　　　　　　C. 第三方

D. 发卡行　　　　　　　E. 卖家和卖家银行

4. 网上银行的建立模式主要有（　　　）。

A. 合作式银行　　　　　　　　　　　B. 直接银行

C. 独立经营网上业务的机构　　　　　D. 传统银行的网上分支机构

5. 目前用来保证网络金融交易安全的协议主要有（　　　）。

A. SSL 协议　　　　　　　　　　　　B. SET 协议

C. TCP/IP 协议　　　　　　　　　　D. IPX/SPX/NetBios 协议

6. 网络金融具有（　　　）的特征。

A. 高效性和经济性　　　　　　　　　B. 科技性与共享性

C. 信息化与虚拟化　　　　　　　　　D. 一体化

7. 下列各项中，属于电子货币的特征的有（　　　）

A. 形式多样　　　　　　　　　　　　B. 技术精密，防伪性能好

C. 自动化处理　　　　　　　　　　　D. 重要的保值工具

8. 下列各项网络经济活动中，属于网络服务的有（　　　）。

A. 网络招聘　　　B. 网络旅游　　　C. 网络金融　　　D. 互联网通信

E. 网上支付

9. 网络经济的特征包括（　　　）。

A. 虚拟化、成本低　　　　　　　　　B. 竞争激烈，合作很难

C. 全天候、全球化　　　　　　　　　D. 强大的创新性

10. 关于网络银行的优势，下列说法中正确的有（　　　）。

A. 能有效控制经营成本　　　　　　　B. 拥有更广泛的客户群体

C. 观念更新的金融竞争策略　　　　　D. 拥有更安全的支付手段

11. 广义信用卡包括（　　　）。

A. 贷记卡　　　　　　　B. 借记卡　　　　　　　C. 储蓄卡

D. 智能卡　　　　　　　E. 赊账卡

（四）判断题

1. 长尾理论是支持网络经济的重要理论。　　　　　　　　　　　　（　　　）

2. 在网络经济时代，国际分工的格局从立体分工发展到垂直分工。　（　　　）

3. SSL 协议采用的是 RSA 电子证书标准，通过 X.509 算法来实现数字签名。（　　　）

4. 电子货币的本质是价值信息工具，它已经不再是商品，但却代表着商品；已经不再具有价值，但却代表着价值。　　　　　　　　　　　　　　　　　（　　　）

5. 常见的网络银行自助处理系统有 ATM 系统、POS 系统、电话银行系统和自助银行系统等。 （　　）

6. 目前我国网上银行业务模式基本属于负担银行。 （　　）

7. 目前网络证券交易的方式主要有，通过 IT 公司的网站提供服务方式、券商自建网站提供服务方式、券商和期货经纪公司联合建设网站提供服务的方式三种。 （　　）

8. 网络金融的业务风险主要来自操作风险、市场信息风险、信誉风险、法律风险等。
（　　）

9. 由于网络保险期限的便捷性，所以现阶段网络保险很容易实现规模经济。 （　　）

10. 目前，我国网络证券处于探索阶段，很多区域存在空白区，政策干预太少。 （　　）

11. 电子货币的突出问题是发行权和归属权不明的问题。 （　　）

12. 目前我国央行监管大多偏重于合规性稽核，而网络银行跨国界运行的特征是中央银行面临的重大问题。 （　　）

13. 对于网络银行而言，网上交易支付的安全性通过各种加密和认证技术而得到十分有效的保障。 （　　）

14. 电子货币对中央银行的货币政策产生了很大的影响，其中之一就是影响了非交易存款与支票存款的比率。 （　　）

15. 由于电子货币的流动性更大，电子货币使货币的交易需求和预防性需求（L1）和货币的投机性需求（L2）进一步分离。 （　　）

16. 根据费雪现金交易方程，电子货币的出现不会削弱现金的流通速度，而信贷货币的流通速度增强，即货币的平均流通速度必然加快。（　　）

（五）思考题

1. 为什么互联网金融在中国发展迅速？

2. 什么是互联网金融，有什么特点？

3. 什么是 P2P？你认为在 P2P 平台进行融资可靠吗？

4. 众筹金融有什么模式，如何利用众筹进行融资？

5. 第三方支付的四方模式是什么？

6. 大数据金融有哪些现实的运用？

第十三章 金融监管

一、案例分析

【热点观察】

防控金融风险永远在路上

近年来，党中央、国务院高度重视防控金融风险工作，将防范和化解系统性金融风险作为底线。2017年，中国人民银行等监管部门制定和实施了一系列监管政策和监管措施，央行牵头起草的《关于规范金融机构资产管理业务的指导意见（征求意见稿）》公布，进一步强化监管的专业性、统一性和穿透性。针对互联网金融领域的违法违规行为，互联网金融风险专项整治活动也在持续深入开展。与此同时，监管部门还开出巨额罚单，加大了对违规违法行为的处罚力度。这一系列"严监管""强监管"措施，不断加强金融监管，大力整治金融乱象，在防范和化解我国金融风险、促进金融机构合规经营等方面取得了明显成效。

……

党的十九大报告提出要"健全金融监管体系"；中央经济工作会议进一步明确要"坚决打击违法违规金融活动，加强薄弱环节监管制度建设"。可以预见的是，要打赢"防范化解重大风险"这一攻坚战，金融监管将永远在路上，而以穿透式监管为特征的综合监管将扮演重要角色。只有不断强化监管统筹协调、实施穿透式监管，才能实行"三个良性循环"，重塑金融与经济的关系，守住不发生系统性金融风险的底线。

——摘编自2018年1月5日《广州日报》（董希淼）

思考：金融风险的主要变现和存在形式？

二、实训演练

新《巴塞尔协议》与地方金融监管

实践任务：调查目前你所在地方的商业银行对新《巴塞尔协议》执行情况。

> **实践目标：**掌握新《巴塞尔协议》对地方商业银行业务范围的影响，理解国际金融监管协同化的发展趋势。
>
> **实训方式：**1. 学生分组调查；
>
> 　　　　　　2. 材料汇总，总结；
>
> 　　　　　　3. 利用一次课堂时间，各组上台展示本组调查分析结果。

三、课后练习

（一）名词解释

金融监管　金融监管体制　金融安全　信息披露制度　利率风险　汇率风险

规范监管　实体监管　巴塞尔委员会　信用风险　单一监管体制　多头监管体制

市场准入　分业监管　并表监管

（二）单项选择题

1. 在我国设立商业银行必须经（　　）审核批准。

A. 中国人民银行　　　B. 中国证监会　　　　C. 中国银监会　　　　D. 中国保监会

2. 金融体系最后一道安全防线是（　　）。

A. 市场准入管制　　　　　　　　　　　B. 最后贷款人

C. 存款保险　　　　　　　　　　　　　D. 日常审慎性监管

3. 存款保险制度最早始于（　　），后来，大多数国家陆续建立此项制度。

A. 英国　　　　　　　B. 日本　　　　　　C. 中国　　　　　　D. 美国

4. 目前，实行单一监管体制的国家有（　　）。

A. 英国　　　　　　　B. 德国　　　　　　C. 法国　　　　　　D. 瑞士

5. 目前，实行集中监管体制的国家有（　　）。

A. 美国　　　　　　　B. 英国　　　　　　C. 瑞士　　　　　　D. 法国

6. 巴塞尔委员会提出的国际监管标准，对（　　）作了详细规定。

A. 资本充足率　　　　　　　　　　　　B. 流动性比率

C. 业务经营范围　　　　　　　　　　　D. 对单一贷款人贷款的比率

7. 20 世纪 80 年代以来，国际证券委员会组织提出了（　　）国际监管标准。

A. 资产充足率　　　　　　　　　　　　B. 信息披露

C. 保险公司资产管理业务　　　　　　　D. 市场准入

8. 一般地，各国对金融机构的市场准入通常采取（　　）。

A. 注册制　　　　　　B. 登记制　　　　　C. 审批制　　　　　D. 核准制

9. 根据《商业银行风险监管核心指标》，资本充足率必须大于等于（　　），核心资本充足率必须大于等于（　　）。

A. 8%　4%　　　　　B. 4%　8%　　　　C. 5%　10%　　　　D. 10%　5%

10. 我国为了控制银行的信用风险过于集中，规定对单一借款人占银行资本的比重不得超过（　　　）。

A. 15%　　　　　　　B. 20%　　　　　　　C. 10%　　　　　　　D. 8%

（三）多项选择题

1. 金融监管机构实施适度竞争原则的目的有（　　　）。

A. 防止出现恶劣、过度的竞争

B. 保障经营管理行为的高效运转

C. 避免出现金融市场上的垄断行为

D. 避免出现危及金融体系安全的行为

E. 使金融机构在一个适度的基础上追求利润最大化

2. 下列属于金融监管基本原则的有（　　　）。

A. 公开、公正原则　　　　　　　　B. 依法监管原则

C. 效率原则　　　　　　　　　　　D. 适度竞争原则

E. 内部监管与外部监管相结合原则

3. 金融监管的目标有（　　　）。

A. 保护金融机构实现更多利润

B. 减少金融风险，确保经营安全

C. 实现公平有效的竞争

D. 促进金融业健康发展

E. 实现金融业经营活动与国家金融货币政策的统一

4. 金融风险的主要特征有（　　　）。

A. 关联性　　　　　　　　　　　　B. 可控性

C. 突发性和破坏性　　　　　　　　D. 隐蔽性

E. 不确定性

5. 金融监管体制模式主要有（　　　）。

A. 不统一监管体制　　　　　　　　B. 分业经营、分业监管体制

C. 混业经营、集中体制　　　　　　D. 单一监管体制

E. 多元化监管体制

（四）判断题

1. 考虑到监管的各种成本，金融监管机制存在着一个适可而止的边界和限度。（　　　）

2. 金融监管失灵表现为监管过度或监管松懈。（　　　）

3. 以全能银行体制著称的德国，其金融监管体制是单一监管体制。（　　　）

4. 最后贷款人和存款保险都是事后的挽救性措施，不能起到预防作用。（　　　）

5. 各国对金融机构的设立通常采取注册登记制。（　　　）

（五）思考题

1. 金融监管的一般方法？

2. 金融监管的理论依据？

3. 金融监管的现实依据？

4. 金融监管的基本目标?

5. 金融行业公会的主要作用是什么?

6. 金融监管的基本内容?

7. 我国金融监管的历史沿革?

8. 国际金融监管的发展趋势?

9. 金融监管与金融创新的关系?

附录　金融学模拟试卷

《金融学》模拟考试题 1

一、单项选择题（每题 1 分　共 20 分）

1. 货币的产生是（　　）。
A. 由金银的天然属性决定的
B. 国家发明创造的
C. 商品交换过程中商品内在矛盾发展的产物
D. 人们相互协商的结果

2. 货币在（　　）时执行价值尺度职能。
A. 商品买卖　　　　　　　　　　B. 缴纳租金
C. 支付工资　　　　　　　　　　D. 给商品标价时

3. 经济学中的信用指（　　）。
A. 遵守诺言
B. 借贷行为
C. 契约当事人之间的一种关系
D. 契约双方当事人按照规定所享有的权利和应承担的义务

4. 马克思理论认为，从长期来看，平均利率水平是不断（　　）的。
A. 上升　　　　B. 保持不变　　　　C. 下降　　　　D. 上下波动

5. 股票、债券、实物资产收益率预期收益率上升，人们的持币需求会（　　）。
A. 上升　　　　　　B. 保持不变　　　　C. 下降　　　　　　D. 不确定

6. 设某一时点我国流通中现金为 10000 亿元，居民活期储蓄存款 20000 亿元，居民定期储蓄存款 40000 亿元，农村存款 8000 亿元，企业活期存款 9000 亿元，企业定期存款 7000 亿元，机关团体部队存款 6000 亿元，其他存款 4000 亿元。M1 层次货币供应量是（　　）亿元。
A. 10000　　　　　　B. 33000　　　　　　C. 70000　　　　　　D. 104000

7. 下列（　　）不是货币政策的目标。
A. 经济增长　　　　B. 充分就业　　　　C. 财政增收　　　　D. 物价稳定

8. （　　）是指中央银行根据产业行情、物价趋势和金融市场动向，规定商业银行的贷款重点投向和贷款变动数量等。

A. 间接信用指导　　　　B. 窗口指导　　　　C. 金融检查　　　　D. 道义劝告

9. （　　）是交易中的一方利用自身的信息优势，在双方签订契约后违反市场机制的一般要求或道德规范，谋求自身利益最大化而让对方承担损失的可能性。

A. 信用风险　　　　B. 道德风险　　　　C. 政治风险　　　　D. 市场风险

10. 金融期权合约是（　　）。

A. 金融制度创新　　　　　　　　　　B. 金融市场创新

C. 金融工具创新　　　　　　　　　　D. 衍生品金融市场工具创新

11. 若某国国际收支平衡表中，储备资产项目余额为 −200 亿美元，则表示该国（　　）。

A. 增加了 200 亿美元的储备　　　　　B. 减少了 200 亿美元的储备

C. 人为的账面平衡，不说明问题　　　　D. 无法判断

12. 下列不属于中国人民银行具体职责的是（　　）。

A. 发行人民币　　　　　　　　　　　B. 给企业发放贷款

C. 经理国库　　　　　　　　　　　　D. 审批金融机构

13. 商业银行的投资业务是指银行（　　）的活动。

A. 贷款　　　　B. 购买证券　　　　C. 投资工业企业　　　　D. 投资房地产

14. 1694 年，由私人创办的、最早的股份银行是（　　）。

A. 英格兰银行　　　　B. 汉堡银行　　　　C. 纽伦堡银行　　　　D. 鹿特丹银行

15. 中央银行负责制定并执行国家的（　　）。

A. 经济政策　　　　B. 货币政策　　　　C. 外贸政策　　　　D. 产业政策

16. 《巴塞尔协议》中为了清除银行间不合理竞争，促进国际银行体系的健康发展，规定银行的资本充足率应达到（　　）。

A. 5%　　　　B. 8%　　　　C. 4%　　　　D. 10%

17. 目前我国实行的金融管理体制是（　　）。

A. 分业经营　　　　B. 混业经营　　　　C. 分业管理　　　　D. 综合管理

18. 我国城市信用社改组之初，采用了（　　）的过渡名称。

A. 城市商业银行　　　　　　　　　　B. 城市发展银行

C. 城市投资银行　　　　　　　　　　D. 城市合作银行

19. 当一国出现通货膨胀时，在治理通货膨胀时应采取（　　）。

A. 扩张性财政政策或扩张性货币政策　　B. 扩张性财政政策或紧缩性货币政策

C. 紧缩性财政政策或紧缩性货币政策　　D. 紧缩性财政政策或扩张性货币政策

20. 通货膨胀的最基本的标志是（　　）。

A. 物价上涨　　　　B. 货币升值　　　　C. 经济过热　　　　D. 成本增加

二、多项选择题（每题 2 分　共 10 分，每题至少有两个，多选、少选、错选均不得分）

1. 我国货币制度规定，下列不是人民币特点有（　　）。

A. 人民币与黄金有直接联系　　　　　B. 人民币是可兑现的银行券

C. 人民币与黄金没有直接联系　　　　D. 人民币不与任何外币确定正式联系

E. 人民币是世界货币

2. 现代市场经济中最重要的两种信用形式是（　　　）。

A. 商业信用　　　　　　B. 银行信用　　　　　C. 消费信用　　　　　D. 国家信用

E. 国际信用

3. 下列（　　　）是货币政策的工具。

A. 税收政策　　　　　　　　　　　　B. 政府投资政策

C. 法定存款准备金政策　　　　　　　D. 再贴现政策

E. 公开市场操作政策

4. 金融创新的动因有（　　　）。

A. 技术进步　　　　　　B. 规避监管　　　　　C. 规避风险

D. 竞争趋同　　　　　　E. 制度改革

5. 在中央银行的下述业务中，属于资产业务的项目有（　　　）。

A. 货币发行　　　　　　　　　　　　B. 再贷款和再贴现

C. 金银储备　　　　　　　　　　　　D. 外汇储备

E. 经理国库

三、判断题（每题 1 分　共 10 分）

1. 货币的本质是商品，体现了一定社会中的生产关系。　　　　　　　　（　　）

2. 差别利率是优惠利率的有机组成部分。　　　　　　　　　　　　　（　　）

3. 人力财富在总财富中所占比例越大，对货币的需求也就越大。　　　　（　　）

4. 对货币作用的认识经历了从中性到非中性的转变。　　　　　　　　（　　）

5. 市场风险和政策风险都是非系统性风险。　　　　　　　　　　　　（　　）

6. 在间接标价法下，一定外币单位折算的本国货币增加，说明外币汇价上涨或本币汇价下跌，即外币币值上升，或本币币值下降。　　　　　　　　　　　　（　　）

7. 根据抛补的利率平价理论，某国货币远期汇率高于其即期汇率的百分比应等于其利率低于外国利率的百分点。　　　　　　　　　　　　　　　　　　　（　　）

8. 衍生证券是一种契约，其交易属于"零和游戏"。　　　　　　　　　（　　）

9. 商业银行与其他专业银行及金融机构的基本区别在于商业银行是唯一能接受、创造和收缩活期存款的金融机构。　　　　　　　　　　　　　　　　　　（　　）

10. 中央银行的独立性是指中央银行与政府关系的具体形态。　　　　　（　　）

四、名词解释题（每题 5 分　共 20 分）

1. 金融机构

2. 中间业务

3. 居民消费价格指数

4. 货币政策

五、计算题（每题 5 分　共 10 分）

1. 英国某公司向美国出口一批商品，合同金额为 500000 美元，3 个月延期付款。该英国公司运用远期外汇合同防止美元汇率下跌的风险。已知伦敦市场的汇率如下：

即期汇率：1 英镑 = 1.3048 – 74 美元；

3 个月远期：贴水 1.3 – 1.4 美分。

问 3 个月后该英国公司可确保获得多少英镑？

2. A 股票目前的市价为每股 10 元，你卖空 1000 股该股票。请问：你的最大可能损失是多少？如果你同时向经纪人发出了停止损失买入委托，指定价格为 12 元，那么你的最大可能损失又是多少？

六、案例分析题（每题 15 分　共 15 分）

1999 年 1 月 10 日，广东省国际信托投资公司由于严重资不抵债，向法院提出破产申请。当年 1 月 16 日，广东省高级人民法院认定，"广信"及其全资 4 家子公司因不能清偿到期境内外债务，符合法定破产条件，裁定进入破产还债程序，由法院指定的清算组接管破产企业。与此前发生的广东发展银行收购"中银信托"、关闭海南发展银行等金融机构市场退出案例不同的是，"广信"破产是中国首家金融机构破产案，是我国金融机构市场退出中首例通过人民法院宣布破产后进入退出程序的，它打破了我国金融机构不能破产的神话。

就此案例分析金融机构监管的基本内容和发展。

七、论述题（每题 15 分　共 15 分）

论述商业银行管理理论的演变过程。

《金融学》模拟考试题 2

一、填空题（每空 1 分，共 22 分）

1. 从币材角度来看，货币形式主要有_____、_____、_____、_____、_____。

2. 证券投资的基本面分析主要包括_____、_____、_____、_____。

3. 货币政策的基本要素有_____、_____、_____。

4. 已知现值计算终值的算式为_____，已知终值计算现值的算式为_____。（多期计算式）

5. 利率市场化的目标是形成以_____为基础，以_____为中介，由_____决定金融机构存贷款利率。

6. 我国目前金融监管体系可以概括为_____制，即_____、_____、_____、_____。

二、不定项选择题（本类题共 18 小题，每小题 1 分，共 18 分。每小题备选中，有一个或多个符合题意的正确。请将选定的填入下表中。多选、少选、错选、不选均不得分）

1. 划分货币层次的主要依据是（　　）。
A. 安全性　　　　　　　B. 营利性　　　　　　　C. 流动性　　　　　　　D. 风险性

2. 国家货币制度的演进顺序正确的是（　　）。
A. 金银复本位制→银本位制→金本位制→不兑现的信用货币制度
B. 银本位制→金银复本位制→金本位制→不兑现的信用货币制度
C. 银本位制→金本位制金→银复本位制→不兑现的信用货币制度
D. 金本位制→金银复本位制→银本位制→不兑现的信用货币制度

3. 附带回购协议的债券买卖顺序是（　　），其赎回价格是（　　），回购市场属于（　　）。
A. 先卖出后买进　　　　　　　　　　B. 先买进后卖出
C. 协议价格　　　　　　　　　　　　D. 市场价格
E. 资本市场　　　　　　　　　　　　F. 货币市场

4. 下面进入工具中，证券公司可选择的交易品种有（　　），保险公司可选择的交易品种有（　　）。
A. IBO1M　　　　　B. IBO001　　　　　C. IBO014　　　　　D. IBO1Y

5. 市盈率等于（　　）。
A. 每股盈利/股票市价　　　　　　　　B. 股息/股票市价

C. 股票市价/每股盈利　　　　　　　D. 股票市价/每股净资产

6. 选择货币政策中间目标的主要标准有（　　）。

A. 可控性　　　　　B. 相关性　　　　　C. 计划性　　　　　D. 可测性

7. 商业银行有价证券投资的范围不包括（　　）。

A. 国债券　　　　　B. 股票　　　　　　C. 金融债券　　　　D. 商业票据

8. 利率发挥作用的基础性条件包括（　　）。

A. 独立决策的市场主体　　　　　　　B. 市场化的利率决定机制

C. 央行的独立性　　　　　　　　　　D. 合理的利率弹性

9. 制约商业银行派生存款的主要因素有（　　）。

A. 现金漏损率　　　　　　　　　　　B. 超额存款准备金率

C. 存款额度　　　　　　　　　　　　D. 法定存款准备金率

10. 传统理论中衡量通货膨胀率的指标有（　　）。

A. CPI　　　　　　　　　　　　　　B. PMI

C. WPI　　　　　　　　　　　　　　D. GDP Deflator

11. 衡量通货紧缩的主要指标有（　　）。

A. P　　　　　　　　B. MS　　　　　　C. GDP　　　　　　D. MD

12. 货币政策的主要传导工具有（　　）。

A. DEPOSIT　　　　　　　　　　　　B. RATE

C. LOAN　　　　　　　　　　　　　D. EXCHANGE

E. PRICE

13. 以下属于货币政策中间指标的是（　　）。

A. 货币供应量　　　　　　　　　　　B. 利率

C. 超额准备金　　　　　　　　　　　D. 基础货币

E. 法定准备金

14. 假设购买债券花费 100 元，每年得到的利息支付为 10 元，则该债券的到期收益率为（　　）。

A. 10%　　　　　　B. 9%　　　　　　C. 11%　　　　　　D. 4%

15. 一张期限为 4 年、利息率为年 5%、面值 1000 元的债券，每年付息一次，而市场利率为 5%，则该债券的市场价格为（　　）元。

A. 800　　　　　　　B. 822.71　　　　　C. 987.24　　　　　D. 1000

16. 中央银行是一国最高的货币金融管理机构，在各国金融体系中居于主导地位，发挥着（　　）等重要职能。

A. 发行的银行　　　　　　　　　　　B. 国有的银行

C. 国家的银行　　　　　　　　　　　D. 银行的银行

17. 通货膨胀所指的物价上涨是（　　）。

A. 个别商品或劳务价格的上涨

B. 一定时间内物价的持续上涨

C. 物价一次性的大幅上涨

D. 全部物品及劳务的加权平均价格的上涨

E. 季节性因素引起的部分商品价格的上涨

18. 货币发行准备一般包括（　　　）。

A. 现金准备 　　　　　　　　　　B. 资产准备

C. 证券准备 　　　　　　　　　　D. 国债准备

三、分析比较题（本类题共四小题，每小题 6 分，共 24 分）

1. 直接标价法与间接标价法。

2. 债券类金融资产和股权类金融资产。

3. 货币供给的内生性与外生性。

4. 直接融资与间接融资。

四、简答与计算题（10 分）

1. 期权交易双方的权利义务分析（3 分）。

2. 简述凯恩斯的货币需求理论（3 分）。

3. 计算：面值为 100 元，票面年利率为 8%，每年付息一次，3 年后还本的债券，如果市场利率为 6%，那么这种债券的发行价应为多少？若投资者在上述债券发行时购入，持有 1 年后转让，此时市场利率为 5%，问该债券转让价应为多少？（4 分）

五、案例分析应用题（26 分）

新闻材料：中国人民银行重提"引导货币信贷适度增长"释放微调信号（2012 年 4 月 5 日）

在今年首季例会上，中国人民银行货币政策委员会就释放出了预调微调信号。记者从中国人民银行获悉，日前召开的中国人民银行货币政策委员会第一季度例会指出，要继续实施稳健的货币政策。下一阶段要综合运用多种货币政策工具，引导货币信贷平稳适度增长。

2012 年 3 月末，广义货币供应量 M2 余额为 89.6 万亿元，同比增长 13.4%，增速比上年末略低 0.2 个百分点。狭义货币供应量 M1 余额为 27.8 万亿元，同比增长 4.4%，增速比上年末低 3.5 个百分点。流通中货币 M0 余额为 5.0 万亿元，同比增长 10.6%，增速比上年末低 3.2 个百分点。第一季度现金净回笼 1154 亿元，同比多回笼 1411 亿元。

3 月末，基础货币余额为 22.7 万亿元，同比增长 17.7%，比年初增加 2079 亿元。3 月末，货币乘数为 3.95，比上年末高 0.16，货币扩张能力仍然较强。3 月末，金融机构超额准备金率为 2.2%。其中，农村信用社为 3.6%。

根据以上资料，回答下列问题：

1. 中国人民银行货币政策工具主要有哪些（4 分）？稳健型的货币政策具体措施是什么（3 分）？

2. 货币层次的基本构成内容是什么（3分）？

3. 为什么2012年3月末货币各层次都呈现同比上升趋势（3分）？现金净回笼增加对市场预期有什么影响（3分）？

4. 为什么要有超额存款准备金（3分）？

5. 从金融监管的角度分析为什么农信社的超额准备金率会高一些（3分）？金融监管的一般目标是什么（4分）？

《金融学》模拟考试题 3

一、填空题（本大题共 5 小题，每空 1 分，共计 8 分）

1. 信用的基本特征是＿＿＿＿＿＿＿＿＿。

2. 我国货币政策的目标是：稳定＿＿＿＿＿＿＿＿＿，并以此促进＿＿＿＿＿＿＿＿。

3. 衍生金融工具具有两个基本功能：＿＿＿＿＿＿＿＿和＿＿＿＿＿＿＿。

4. 从职能的视角，货币是价值尺度和＿＿＿＿＿＿＿的统一体。

5. 根据国务院机构改革方案，"一委一行两会"成为我国金融监管新格局，其中的"一委"是指＿＿＿＿＿＿＿＿＿；"两会"是指＿＿＿＿＿＿＿＿＿和中国证券监督管理委员会。

二、单项选择题（本大题共 11 小题，每小题 1 分，共计 11 分。在每小题给出的四个选项中，只有一项是符合题目要求的，将符合题意的选项字母填入相应的答题栏）

1. 凯恩斯学派认为，货币政策传导机制的主要环节是（　　）。

A. 投资　　　　　　　B. 总收入　　　　　　C. 利率　　　　　　D. 股票价格

2. 我国对证券业和期货业实施监管的官方监管机构是（　　）。

A. 证券交易所　　　　　　　　　　B. 期货交易所

C. 中国人民银行　　　　　　　　　D. 证监会

3. 以下属于资本市场工具的是（　　）。

A. 商业票据　　　　　B. 股票　　　　　　　C. CDS　　　　　　D. 回购协议

4. 现实经济生活中，可以用（　　）代替无风险利率。

A. 商业银行的贷款利率　　　　　　B. 拆借利率

C. 国债利率　　　　　　　　　　　D. 民间借贷利率

5. 商业银行承担风险的物质基础是（　　）。

A. 贷款　　　　　　　　　　　　　B. 向中央银行借款

C. 存款　　　　　　　　　　　　　D. 自有资本

6. 在信用体系中处于主导地位的信用形式是（　　）。

A. 商业信用　　　　　B. 消费信用　　　　　C. 国家信用

D. 银行信用　　　　　E. 国际信用

7. 弗里德曼认为，货币需求函数具有（　　）的特点。

A. 极不稳定　　　　　B. 不确定　　　　　　C. 相对稳定　　　　D. 富有波动性

8. 商业银行最主要的负债业务是（　　）。

A. 存款　　　　　　　B. 贷款　　　　　　　C. 证券投资　　　　D. 自有资本

9. 货币供给层次划分的依据是（ ）。

A. 货币存量 B. 中央银行的需要

C. 金融资产的流动性 D. 社会制度

10. 在多种利率并存的条件下起决定作用的利率是（ ）。

A. 差别利率 B. 基准利率 C. 公定利率 D. 实际利率

11. 以下不属于中央银行作为"银行的银行"的职能是（ ）。

A. 集中存款准备金 B. 最后贷款人 C. 组织全国的清算 D. 发行货币

三、多项选择题（本大题共 5 小题，每小题 2 分，共计 10 分。在每小题给出的所有选项中，至少有两项是符合题目要求的，将符合题意的选项字母填入相应的答题栏）

1. 货币均衡的标志有（ ）。

A. 物价稳定 B. 货币需求量准确

C. 利率稳定 D. 货币流通速度稳定

2. 以下属于扩张的货币政策所实施手段的有（ ）。

A. 降低法定存款准备金率 B. 提高存贷款利率

C. 降低再贴现率 D. 央行买入证券

3. 在通货膨胀中，通常会遭受损失的经济主体有（ ）。

A. 债权人 B. 债务人

C. 以工薪收入为主的人 D. 以利润收入为主的人

4. 风险投资的退出途径有（ ）。

A. 公司上市 B. 兼并收购

C. 股份转让 D. 公司股份回购

5. 商业银行经营的原则有（ ）。

A. 安全性 B. 平衡性 C. 流动性

D. 主动性 E. 盈利性

四、名词解释（本大题共 5 小题，每小题 3 分，共 15 分）

1. 货币需求

2. 金融监管

3. 货币制度

4. 外汇

5. 金融市场

五、简答题（本大题共 3 小题，第 1～2 小题各 5 分，第 3 小题 7 分，共计 17 分）

1. 影响汇率波动的主要因素有哪些？（5 分）

2. 商业银行的性质是什么？商业银行具有哪些职能？（5 分）

3. 简述需求拉上型通货膨胀成因及治理措施。（7 分）

六、计算分析题（本大题共 2 小题，第（一）题 8 分，第（二）题 7 分，共计 15 分。解答时写出必要的文字说明、证明过程及演算步骤）

（一）M 公司向华夏银行借款 2000000 元，期限 3 年，利率为 10%，借款到期一次性还本付息。

根据以上资料，要求：

1. 分别用单利法和复利法列式计算到期利息额与本利和（4 分）；

2. 分析单利法和复利法优缺点（4 分）。

（二）W 股票的市价为 99.5 美元。投资者甲于 2018 年 5 月 28 日购买一份 W 股票的看涨期权合约（欧式期权），该期权合约的标准数量为 500 股 W 股票，执行价格（敲定价格）为 100 美元，期权费为每股 1 美元，该期权合约 2 个月以后到期。

根据以上资料，要求：

1. 假定期权合约到期时 W 股票的市价为 108 美元，投资者甲应如何决策？其盈亏情况如何（不考虑交易费用）？（4 分）

2. 假定期权合约到期时 W 股票的市价为 95 美元，投资者甲又该如何决策？其盈亏情况如何（不考虑交易费用）？（3 分）

七、综合应用题（本大题共 2 小题，第（一）题 14 分，第（二）题 10 分，共计 24 分）

（一）中国人民银行官网于 2018 年 4 月 17 日晚间宣布，为引导金融机构加大对小微企业的支持力度，增加银行体系资金的稳定性，优化流动性结构，从 2018 年 4 月 25 日起，下调大型商业银行、股份制商业银行、城市商业银行、非县域农村商业银行、外资银行人民币存款准备金率 1 个百分点；同日，上述银行将各自按照"先借先还"的顺序，使用降准释放的资金偿还其所借中国人民银行的中期借贷便利（MLF）。

根据以上资料，请回答下列问题：

1. 法定存款准备金率这一货币政策工具的调控原理是什么？（6 分）

2. 中期借贷便利（MLF）操作属于中央银行公开市场业务交易，请分析公开市场业务这一货币政策工具的调控原理及其优点。（8 分）

（二）T 国实行单一型中央银行制度，T 国活期存款的法定准备金率为 10%，现金漏损率（通货比率）为 8%，超额准备率为 6%，存款创造中有 20% 的活期存款转化为定期存款，定期存款的法定准备金率为 5%；基础货币为 10000 亿美元。

根据以上资料，要求：

1. 计算 T 国的货币乘数（乔顿模型）和 T 国的货币供应量；（4 分）

2. 简要分析 T 国的中央银行、商业银行、企业行为分别对货币供应量的影响。（6 分）